鈴木康弘
元セブン&アイHLDGS.CIO
現デジタルシフトウェーブ社長

「究極の顧客戦略」に
日本企業はどう立ち向かうか

\ Amazon Effect /

アマゾンエフェクト!

プレジデント社

二〇一八年春に東京・品川に開設予定の撮影スタジオは総面積が七五〇〇平方メートルと、すでに展開しているアメリカ、イギリス、インドよりも大きく世界最大規模です。

このスタジオで、アマゾンで販売するファッション商品の写真など、年間一〇〇万点を超える画像や動画を制作するといいます。

迎え撃つ日本最大の衣料品店チェーン、ユニクロを展開するファーストリテイリングの柳井正会長兼社長の口からも、「アマゾンに勝つために、よい商品をつくりだすことが重要。恐れるよりも自分たちの強みを磨き上げることが先決と思う」と、アマゾンを意識した発言が聞かれるようになりました。

ただ、アマゾンの動きの影響を受けて対応を迫られたという意味で、いまから一二年前、日本で最初に〝アマゾン・エフェクト〟を経験したのは、おそらくわたしではないかと思うのです。

わたしはそれまで、ソフトバンクグループのヤフーの傘下で、書籍のネット販売を手がけるセブンアンドワイ（設立時の社名はイー・ショッピング・ブックス）という会社を経営していました。三四歳のときに自分で起業した会社です。

それが一転、二〇〇六年に日本の流通業でイオン・グループと双璧をなすセブン

&アイ・ホールディングスのグループに入り、セブン－イレブン・ジャパンの子会社に転じる選択をします。

当時、同社の会長兼CEO職は、わたしの父親である鈴木敏文が務めていました。

しかし、移った理由はそこにあるのではなく、アマゾンが家電の販売を始めるなど、業容をどんどん拡張し始めたのがきっかけでした。

セブンアンドワイは株式公開が予定されていたので、ソフトバンク側からは「なんで行くんだ」と怒られたものです。それでも移ったのは、目指すゴールに近づくには、そのほうが近道であると考えたからでした。

目指すゴールとは「ネットとリアルの融合」でした。

しかし、その近道を選んだはずの選択が大きな「読み違い」であったことを、その後の一〇年におよぶリアルの流通業での苦闘の連続と、それとは対照的なネットの世界でのアマゾンの躍進により、思い知らされるのです。

同時に、わたしのなかである種の危機感がふつふつとわきあがってきました。

このままでは、日本企業は本格的なデジタル化への移行、すなわち、デジタルシフトの波に完全に乗り遅れるのではないかと。

わたしはシステムエンジニアの出身で、ソフトバンクでは営業職、続いて、ベンチャーのネット通販会社の経営者、さらに世界最大規模の店舗網をほこる流通企業の経営幹部（取締役CIO＝最高情報責任者）と順に経験し、ネットとリアルの両方の世界を見てきました。

また、ソフトバンク時代は孫正義、セブン＆アイグループ時代は鈴木敏文という、日本を代表するカリスマ経営者のもとで、それぞれ一〇年ずつ、経営者の「あるべき姿」を間近で見て、二人から多くの学びを得てきました（鈴木敏文会長は二〇一六年五月に退任したので以降は「鈴木元会長」と記します）。

ヤフーの傘下でセブンアンドワイの経営に携わっていたころは、同社の創業者で社長職にあった井上雅博さんから直接、厳しく指導を受けました。

たとえば、事業プランをもっていくと、さっと目を通して、「ここところが論理的に矛盾している」と突き返される。もう一度練り直してもっていくと、「鈴木だったら、ちゃんと考えてくると思ったよ」と今度は評価してくれる。

セブンアンドワイも当初は、利益がなかなか出ませんでした。システムの設計は自前で行ったものの、開発は外部に発注していたことや、コールセンターも外部の業者に委託していたことから、高コスト体質になっていたのが原因でした。

頭を抱えていると、井上さんはひと言、「自分たちでやればいいんだよ」。

そこで、システムの開発も、コールセンターも自前に変えたとたん、利益が出るようになり、仕事のスピード感も格段に速まりました。

井上さんの指導は厳しいながらも、いつも的確で、その薫陶を受けたわたしはまさに井上門下生でした。井上さんは大のクルマ好きで、二〇一七年四月、アメリカ・カリフォルニアで開催されたクラシック・スポーツカーの耐久レースに参加している最中に自損事故を起こし、六〇歳で亡くなられました。

経営者としての姿勢を教えてくれた井上さんには、本当に感謝しています。

ソフトバンク時代、孫さん、井上さんとともに、もう一人、わたしが大きな影響を受けたのは、野村證券から孫さんにスカウトされて移り、SBIホールディングス（当初はソフトバンク・インベストメント）を設立された北尾吉孝さんです。

わたしはセブンアンドワイの設立時に、「五年後には売上高一〇〇億円を実現する」と公言し、なんとかその目標を達成しました。そのときのことです。北尾さんに呼ばれ、SBIの社長室に入るなり、こういわれました。

「オレは君を信じる」

「なんのことでしょう」とわたしが聞くと、こんな話をされました。

「鈴木くん、覚えておきなさい。人が人を信じるかどうかは、その人が自分でいったことをやる人間かどうかだ。オレは覚えているよ。五年前に君が一〇〇億円の目標を掲げたことを。それを本当にやったから、オレはこれから君を信じてやる」

それまでも、人に信頼されるにはいったことを実行しなければならないと頭ではわかっていましたが、実際に北尾さんにいわれて、これが人と人との信頼関係なのだと実感しました。北尾さんは、こうやって若い人材を育てていくのでしょう。この日のことは、いまも鮮明に覚えています。

孫さん、井上さん、北尾さん、鈴木元会長に共通するのは、事業家であるということです。若いころに、本物の事業家の近くで仕事ができたことは、わたしにとって大きな財産となりました。

こうした経歴をもつ人間は、おそらく、日本のビジネスの世界でほかにはいないでしょう。そんなわたしだからこそ、日本企業が直面する危機的状況がひしひしとわかる。

その危機感が、この本を書く動機になりました。

わたしの「読み違い」とは、次のようなものでした。

ソフトバンクに勤務していたころの一九九九年に立ち上げたセブンアンドワイは、ネット上で本を検索して注文し、受けとりと代金決済はセブン－イレブンの店舗で行う仕組みで、ほかに宅配便で配達する方法も用意しました。

いざ、ふたを開けてみると、店舗での受け渡しを選んだ顧客が七割を占めたのです。その傾向はその後も続きました。

日本でもこれから、Ｅコマース（電子商取引）の市場は拡大していくとしても、すべてがネットに移行するはずはないし、それでは味気のない世界になってしまう。リアル店舗も必ず必要とされる。

小売業は最終的には「ネットとリアルの融合」の形態をとるだろう。わたしは次第に、そう考えるようになりました。

会社設立時はイー・ショッピング・ブックスという社名だったのを、二〇〇五年にセブンアンドワイに変更したのも、株主だったセブン‐イレブン・ジャパンから「セブン」（7）を、ヤフーから頭文字の「ワイ」（Y）をとり、リアルとネットの両方の便利さをあわせもつイメージを打ち出すためでした。

そのまま、ネット事業を続けるのであれば、ソフトバンクグループにいたほうが有利でした。しかし、「ネットとリアルの融合」を目指すならどうすればいいのか。

社名変更をしたころから、わたしは自分の会社の進路について、選択を迫られました。

当時から、アマゾンもいずれリアル店舗網をもつようになるだろうとは予測していました。

実は、わたしはイー・ショッピング・ブックスの設立を準備しているころに、一度、アマゾンの共同創業者兼CEOであるジェフ・ベゾスに会ったことがあります。場所はソフトバンクの本社。孫さんに呼ばれて出向くと、そこにいたのが、ベゾスでした。

アマゾンのことは一九九五年にアメリカでスタートしていましたから、当然知っていましたが、日本進出を予定していたとは、そのとき初めて知りました。

孫さんに会いに来たのは、日本進出をソフトバンクと合弁で行うための交渉で、わたしも書籍のネット販売事業の準備をしていたので、「君も立ち会え」ということになったのです。

合弁の話は結局、調整がつかず、ご破算になります。

その際、わたしが「うちはコンビニでの受けとりをやる」と話すと、ベゾスは「そんなやり方があるのか。うまくいくのか」と興味を示したようでした。

そのアマゾンもわたしの予測どおり、二〇一一年にはアメリカのセブン‐イレブンの店舗などで、商品を受けとるためのアマゾンロッカーを設置するようになるのです。

自分の会社の進路について選択を迫られたわたしは、こう考えました。

アマゾンもいずれ、「ネットとリアルの融合」を目指すはずだ。いまも、家電の販売を始めるなど、ものすごい勢いで業容を拡大している。

しかし、自分たちは家電まで扱うのは難しい。

ならば、アマゾンよりもはやく、目指すゴールに近づくには、どうするか。

ネット業界からリアルの世界へ進出するか、それとも、リアルの業界からネットの世界へ進出するか、そのどちらがはやいのか……。

当時、アマゾンは事業を開始してまだ一〇年くらいしかたっていませんでした。

一方、セブン-イレブンは創業して三〇年以上の歴史があり、当時で約一万一〇〇〇店を超える一国内では世界最大の店舗網を擁していました。

しかも、二〇〇五年には、それまでは親会社の総合スーパー、イトーヨーカ堂の下にセブン-イレブン・ジャパンなど子会社がぶら下がるかたちだったのが、持ち株会社に移行し、セブン&アイ・ホールディングスの傘下にすべての事業会社が並列に並ぶ構図に変わったところでした。

また、百貨店のそごう・西武もグループ入りを予定し、ここにコンビニエンスストア、総合スーパー、百貨店、レストラン、銀行と世界でも類を見ないほど多様な業態がそろったグループが誕生しつつありました。

アマゾンがリアルの店舗網をもつようになるより、セブン&アイグループがネット事業を手がけるほうがはやそうだ。それに、セブン&アイグループであれば、小売業の勉強もできる。

そう考えて、グループ入りし、子会社になる道を決断したのです。

しかし、読み違えたのは、人間の意識の問題でした。

セブン&アイグループで出あったのは、イトーヨーカ堂の創業から数えると半世紀以上、リアルの世界で成功体験を積み上げてきた人々でした。

すべての発想はリアルの店舗がベースになる。その意識と行動をデジタルベースへとシフトしていくのは、けっして容易ではありませんでした。

グループのホールディングス化は、一つには、グループ会社同士の横の連携によるシナジー効果をねらったもので、商品開発面では効果はあったものの、システム面ではなかなか縦の壁は崩せませんでした。

わたしはグループ入り後、まず、グループ全体のシステムの統合を目指しましたが、総合ポータルサイトの入り口は統合・共通化できても、そこから先のシステムは別々という状態がしばらく続きました。

そこで、わたしは「ネットとリアルの融合」を推進するため、アメリカで登場していたオムニチャネル（Eコマースチャネルとリアル店舗を境目なく統合する形態）の導入を提案し、二〇一三年八月のグループ戦略会議でその遂行が承認されました。

しかし、既存の仕組みや仕事のやり方が身についた人々は、当然、変わることに反対します。どの組織にもあることですが、面従腹背や、いわゆる抵抗勢力も出てきます。

それでも、二〇一五年一一月には、世界で初めて幅広い業態を結び、ネットとリアルを融合したセブン＆アイグループのオムニチャネル「ｏｍｎｉ７（オムニセブン）」の本格稼働にこぎつけます。

それは、強烈なカリスマ性をもって、「オムニチャネルは流通のあり方の最終形である」「ネットを制するものはリアルを制する」「われわれは流通革新の第二ステージに入る」と唱え続け、プロジェクトを後押しした鈴木元会長の理解が原動力となりました。

元会長は、パソコンのマウスは使えても、キーボードはまったく打てないアナログ人間でした。

ただ、顧客の意識や行動、ニーズの変化を察知する能力においては、圧倒的に抜きんでたものがあり、わたしがグループ入りする以前から、「小売業はこれからネットとリアルが融合する時代になる」と考えていたようでした。

セブンアンドワイのグループ入りを受け入れたのも、その考えがあったからでした。

セブン&アイグループのオムニチャネルは軌道に乗るまで五年はかかる計画でした。

わたしは、軌道に乗った時点で職を辞し、また新しい仕事を始めるつもりでいました。オムニチャネルを立ち上げるために、多くの仲間が獅子奮迅の活躍をしてくれる一方で、「カリスマの息子」と見る目もあり、それよりもっと自由に動ける場をと考えたからです。

オムニチャネル・プロジェクトを推進するため、子会社社長からホールディングスの取締役兼CIOになる際、実働部隊も帯同する必要があり、わたしは自分で起業した会社を泣く泣く解体し、帯同する部隊以外は、グループ各社に分散させました。

そのため、戻る場所はなく、グループの外に出る心づもりでした。

オムニチャネルが本格稼働してから半年後の二〇一六年春、セブン−イレブン・

ジャパン社長の退任案がホールディングスの取締役会で承認を得られなかったことから、鈴木元会長は自らの職を辞しました。

カリスマの退任後に発足した新しい経営体制は合議制に移行しました。合議制になれば、変革にとまどう現場の意見にも耳を貸すことになります。

オムニチャネルの強力な旗振り役が去って、プロジェクトが減速したこともあり、わたしはｏｍｎｉ７のシステムのバージョンアップをやり遂げたのを区切りに、二〇一六年一二月、退職しました。

一方、アマゾンはネットからリアルへと進出を進めています。

二〇一七年、アメリカの高級食品スーパー、ホールフーズを買収し、約四六〇の店舗を傘下に収め、リアル店舗網の構築を本格的に開始しました。この買収はアメリカの小売業界に大きな衝撃を投げかけました。

本社のあるシアトルでは、人工知能（ＡＩ）や画像センシングなど、自動運転に使われているのと同様の技術を駆使することで、レジでの精算なしで食品を買うことのできるコンビニエンスストア、アマゾンゴー（Amazon Go）が二〇一八年一月に開業しました。

来店客は、専用アプリをダウンロードしたスマートフォンを入り口にある専用ゲートにかざして入店。買いたい商品を自分のバッグなどに入れ、そのままゲートから出て買い物をすますことができます。

それぞれの来店客がどの商品を手にしたかを店内の天井に設置されたカメラや棚のセンサーをつうじて把握するため、精算が不要です。

日本のコンビニでも、無人レジの実験が行われていますが、商品についたＩＣ（集積回路）タグやバーコードを機械や自分のスマートフォンに読み取らせるというプロセスは、顧客が自分で行うことが前提となっています。

つまり、人手がかかっていたレジを無人化するという、リアル店舗の売り手側の都合が優先されています。

これに対し、アマゾンはＡＩを使って、店内の商品と顧客を丸ごと認識するやり方で、レジそのものをなくした。顧客はレジに並んで待つという手間が省けるため、買い物の快適さが格段に増します。

人手不足対策としてのレジの無人化ではなく、顧客を起点として買い物の快適さを増すために無人化する。リアル店舗の常識にとらわれないという点において、そもそもの発想がちがうのです。

アマゾンの書店チェーン、アマゾン・ブックス（Amazon Books）も、シアトル、サンディエゴ、シカゴ、ニューヨーク……と次々出店が続き、全米でのチェーン展開が予想されます。

わたしもニューヨーク出張の折、立ち寄ってみましたが、そこには、「アマゾンが考えるリアル店舗とはこういうものなのか」と思わせるような、既存のリアル店舗とはまったく発想の異なる店がありました（詳しくは、本文で述べます）。

このままいけば、アマゾンはＥＣチャネルとリアル店舗のシームレスな統合、すなわち、オムニチャネル戦略を強力に推進していくことでしょう。

アマゾンの強みは、ＥＣチャネルをつうじて入手した膨大な顧客データです。データによって、顧客一人ひとりの意識や行動、ニーズを把握し、顧客にアプローチすることをデータドリブン（Data Driven）といいます。グーグル、フェイスブック、アップルを含めた四大プレーヤーのなかでも、アマゾンはデータドリブンで圧倒的な強みをもちます。

これにオムニチャネル戦略により、リアル店舗をつうじた顧客データも加われば、競争力は増幅し、アマゾン・エフェクトは燎原《りょうげん》の火のように拡大していくでしょう。

リアルからネットに進出するより、ネットからリアルに攻め込むほうが、容易だったのです。それがわたしの「読み違い」でした。

いま、世界では社会の大きな変化とＩＴの劇的進化が同時進行で起き、本格的な情報化への移行、デジタルシフトがものすごい勢いで進んでいます。

ゴールは「ネットとリアルの融合」であるとしても、そのゴールがどこにあるのかは誰もわかりません。

ただ、確かなのは、その先頭を走っているのがアマゾンであるということです。


わたし自身は、セブン&アイグループを退職後は、大手インターネットサービス会社から入社のお誘いや、外資系IT企業の社長就任のお話もありましたが、三カ月後の二〇一七年三月、「デジタルシフトウェーブ」という会社を立ち上げました。デジタルシフトでビジネスに新しい波を起こす企業を応援する。それが二度目の起業の目的です。

わたしはもともとSE出身で、システム関係については一定以上の知識と経験があります。一方、経営者としても、三四歳で起業して以来、二〇年近い経験があります。

デジタル化にシフトしなければならないと思いながらも、なにからどうとりくんでいいのかわからないという悩みを抱える経営者やリーダーが日本には多くいます。そんな悩みをもつ経営者たちに対してはコンサルティングを行い、一緒にデジタルシフトで新しいビジネスの創出を考える。

また、複雑化する一方のシステム構築に頭を悩ませるシステム責任者に対しては、一緒にプロジェクトを円滑に推進していく。

わたしがそのような事業やサービスをつうじて、企業のデジタルシフトを支援していこうと思い立ったのも、日本企業が置かれた状況への危機感からでした。

デジタルシフトの本質とはなんなのか。単なる業務の効率化や低コスト化ととらえているかぎり、デジタルシフトの波から取り残されていくことでしょう。

本格的なデジタル時代には、顧客一人ひとりについて、その意識や行動、ニーズがデータとしてとらえられるようになります。

そのため、一人の顧客に焦点を合わせて、すべての事業インフラを駆使し、商品やサービスを提供するという、まったく新しい顧客戦略が必要になってくる。デジタルシフトはそのためにあるのです。

デジタルシフトの本質は、デジタル化により、さまざまなシステム、販売方法、店舗網、物流・配送網……すべての事業インフラを、ネットとリアルの境目も超えて、顧客を中心にして新たに組み直すことにある。

なによりアマゾンがそのモデルです。

デジタルシフトとは究極の顧客戦略であり、そのためにはデジタルシフトに向けた業務改革が必要なのです。

その業務改革は、そう容易なことではありません。リアル店舗をベースにした顧客戦略では、おそらく日本で（コンビニでは世界的にも）最高水準にあったセブン&アイグループでさえも、デジタルシフトは一朝一夕には進みませんでした。

自戒を込めていえば、それは多分にわたしの力不足によるところもあったと思います。「あのとき、ああすればよかった。もっとこうすればよかった」と、反省することも多々あります。

見渡せば、同じようにデジタルシフトが進んでいない例が多く見られます。デジタルシフトは究極の顧客戦略である以上、そのおくれはあるとき、致命的な競争力の低下となってあらわれます。

アメリカでのアマゾンの躍進について、「国土が広く、もともと通販文化があったから、うまくいくんだ」「日本は国土が小さいから大丈夫なんだ」といった声がいまだに聞かれるのは驚くばかりです。アマゾン・エフェクトが日本でも始まれば、ある日突然、いとも簡単に駆逐されるでしょう。

それは、この一二年間、アマゾン・エフェクトをずっと肌で感じてきた人間だからわかる。

そうなる前に、どのようにしてデジタルシフトを実現していけばいいのか。

経営者やリーダーは、どのように発想し、どんな手を打てばいいのか。

そして、どのように組織を動かし、体制をつくっていけばいいのか。

孫正義と鈴木敏文という二大カリスマから学んだリーダーシップのあり方を含め、ネットとリアル、ITと流通、技術者と経営者、それぞれ両方の世界に身を置いた立場から、そして、多くの困難や失敗も経験した人間として、その具体的な方法や業務改革の進め方をお伝えするのが、この本のねらいです。

最初は富士通、次はソフトバンクとIT業界出身者であるわたしにとって、セブン&アイグループに在籍した一〇年間は、「デジタルシフトを理解してもらうにはどうしたらいいか」を学ぶ期間でもありました。

そこで学んだことのすべてがこの本のなかにつまっています。

同じビジネスマンとしての「等身大の教科書」になれば、本望です。

二〇一八年四月

鈴木康弘

『アマゾンエフェクト！』目次

第3章 デジタルシフトの本質はなにか

第4章 取り残される日本企業

第5章

業務改革でデジタルシフトの波に乗る

第1章

アマゾン・ショックが日本にも押し寄せる

日本に押し寄せる「四つのショック」

ＳＥ出身で、ソフトバンクに勤務時代には営業職を経て、書籍のネット販売会社を立ち上げ、次いで、会社ごとセブン＆アイ・ホールディングスのグループに移り、ホールディングス（持ち株会社）の取締役ＣＩＯ（最高情報責任者）に就任。世界で初めてコンビニエンスストアから総合スーパー、百貨店、専門店……と幅広い業態を結び、ネットとリアルを融合したオムニチャネル「ｏｍｎｉ７（オムニセブン）」を立ち上げた。

この経歴が示すように、わたしはネットとリアル、ＩＴと流通・小売り、技術者と経営者、それぞれ両方の世界を経験し、両面から世の中の動きをとらえてきました。

そのわたしから見て、ここ数年、次の四つのショックが日本に押し寄せているように感じています。

一つ目は、アマゾン・ショックです。

アマゾンが進出すると、その業界の既存の秩序がゆらいでいく。

日本でも、ファッション分野への本格投資や、生鮮品宅配サービス、アマゾンフレッシュが開始されました。

その余波で、国内衣料品チェーン首位のユニクロを展開するファーストリテイリングも、ネットスーパー事業を成功させたセブン&アイ・ホールディングスも、対応を迫られるようになってきました。


二つ目は、クラウド・ショックです。

以前であれば、たとえば、開発・導入に一億円、メンテナンスに月々一〇〇万円かける必要があったようなシステムが、いまはクラウドを使えば、月額の使用料数百円ですむ。

ＩＴ業界はクラウド化により劇的に変わりました。

しかも、ＩaaＳ（詳しくは後述）と呼ばれるクラウドの分野では、アマゾンのクラウド・サービス、アマゾン ウェブ サービス（Amazon Web Services　以下ＡＷＳ）が三〇％以上のシェアを占めて首位を独走している。

クラウド・ショックは、アマゾン・ショックとも重なるところがあります。


三つ目は、ＡＩ（人工知能）／ＩoＴ（Internet of Things）ショックです。

すべてのものがインターネットでつながるＩoＴによって、膨大なデータが集積され、それをＡＩが解析する。データを制したものが、ネットとリアルの両方を制する時代が到来しつつあります。

二〇一四年、アマゾンはＡＩを搭載したＡＩスピーカー、アマゾン エコー（Amazon Echo）をアメリカで市場に投入し、日本でも二〇一七年一一月から販売が開始されました。

エコーはＡＩによる音声認識エンジン、アレクサ（Alexa）を搭載。アレクサは、話し手の声を聞き取ってテキストに変換し、その意味を読み取って、さまざまなアプリケーションに伝えます。

音楽の再生、天気やニュースの読み上げなどに使われるほか、プライム会員であれば、インターネットショッピングサイトのアマゾンで商品の注文もできます。

アマゾンはすでに、ダッシュボタン（Dash Button）という特定商品の注文用ボタンを発売しています。消しゴムほどの大きさで、前面には家庭用品の商品のブランド名が表示されていて、これをキッチンや洗面台に貼りつけておくと、ボタンを押すだけで、その商品を注文できます。

エコーもダッシュボタンのように、補充が必要な商品をアレクサが検知して、注文するようにもなるでしょう。

すでにアメリカのスマートスピーカーの市場では、エコーは約七割という圧倒的なシェアを占めています。エコーで商品注文ができるようになれば、そこからまた膨大な顧客データが集積されていくと考えられます。

その顧客データをもとに、アマゾンはより差別性のあるサービスを提供することでしょう。

そして、四つ目は教育ショックです。

このままいくと、ＩＴ人材の育成に国家としてとりくみ始めたアメリカと、育成がおくれる日本との間で大きな隔たりが予想されるのです。

企業内の人材の構成を見ても、アメリカと日本とでは大きな違いが出ています。

たとえば、アマゾンは、ＩＴ企業というよりは、広い意味では流通業に属しますが、社員の半分以上はエンジニアが占めるといわれます。だから、自前でシステムを構築し、顧客のニーズに合うよう、適宜迅速に更新したり、変更していくことができます。

企業が自らすぐれたＩＴ人材を多く抱える。そこへ、国家レベルで育成にとりくんだＩＴ人材がどんどん入り、システムをどんどん進化させていく。

一方、日本企業では依然、システム開発を外部のＩＴベンダー（企業の情報システム開発・構築を請け負う企業。ＳＩ＝システムインテグレーターとも呼ばれる）に委託し、いわゆる〝丸投げ〟をするケースが多く見られます。

セブン＆アイ・ホールディングスでも、わたしが取締役兼ＣＩＯを務めていたころは、エンジニアを積極的に採用し、可能なかぎり内製化の比率を高めていきましたが、退任後の新体制は、また自前主義から離れていきました。

そして、いま、日本ではＩＴ人材不足が深刻化していますが、国家をあげて育成にとりくむアメリカのような有効な対策は、いまだ見られません。

デジタルシフトの時代は、アマゾンのように、自前でシステム開発ができることが、スピード的にも、コスト的にも必要であり、いかに社内にＩＴ人材を確保し、育成できるかが競争力を左右します。

にもかかわらず、このままでは世界と日本の差が広がるばかりです。

このように、日本に押し寄せる四つのショックのいずれを見ても、その背後にはデジタルシフトの先頭を走るアマゾンの姿が浮かび上がります。

アマゾンは、なぜ強いのか。明確にいえることは、アマゾンの発想は、リアル店舗をベースにした企業の発想とまったく異なるということです。

わたし自身、ニューヨークに出張の折、個人的に〝アマゾン・ショック〟を受ける機会がありました。

ニューヨークで体験した〝アマゾン・ショック〟

二〇一七年秋、わたしはニューヨークの街に立っていました。

「いま、アメリカ人にもっとも人気のあるインターネット企業」といわれるイエクスト（Yext）という IT 企業があります。

イエクストが提供するのは、ユーザーが求める情報を地図上に掲載するサービスです。

たとえば、「これから行くA市でラーメンを食べたい」と思ったとき、「A市」「ラーメン」とキーワードを入力すると、グーグルマップ、アップルマップ、フェイスブックなど、提携する一〇〇以上のサービスと自動連携をし、地図情報をワンストップで提供してくれます。

わたしはイエクストの日本法人のアドバイザーを引き受けていることから、米国本社が主催するパネルディスカッションにパネラーとして招かれたのが、出張の目的でした。

この出張には、もう一つ、個人的な目的もありました。ニューヨークにあるアマゾンに関する三つの店舗を訪問することでした。

一軒目は、アマゾンがチェーン展開を開始した書店販売のリアル店舗、アマゾン・ブックスでした。

わたしが入ったのは、エンパイアステートビルの並びにあったニューヨークの二号店でした。そこには、既存の書店とはまったくちがう光景がありました。

目をみはったのは、本の陳列の仕方です。すべての本が、表紙を正面に向け、棚のスペースをゆったりと使って陳列する「面陳（面陳列）」や「面展（面展示）」になっているのです。

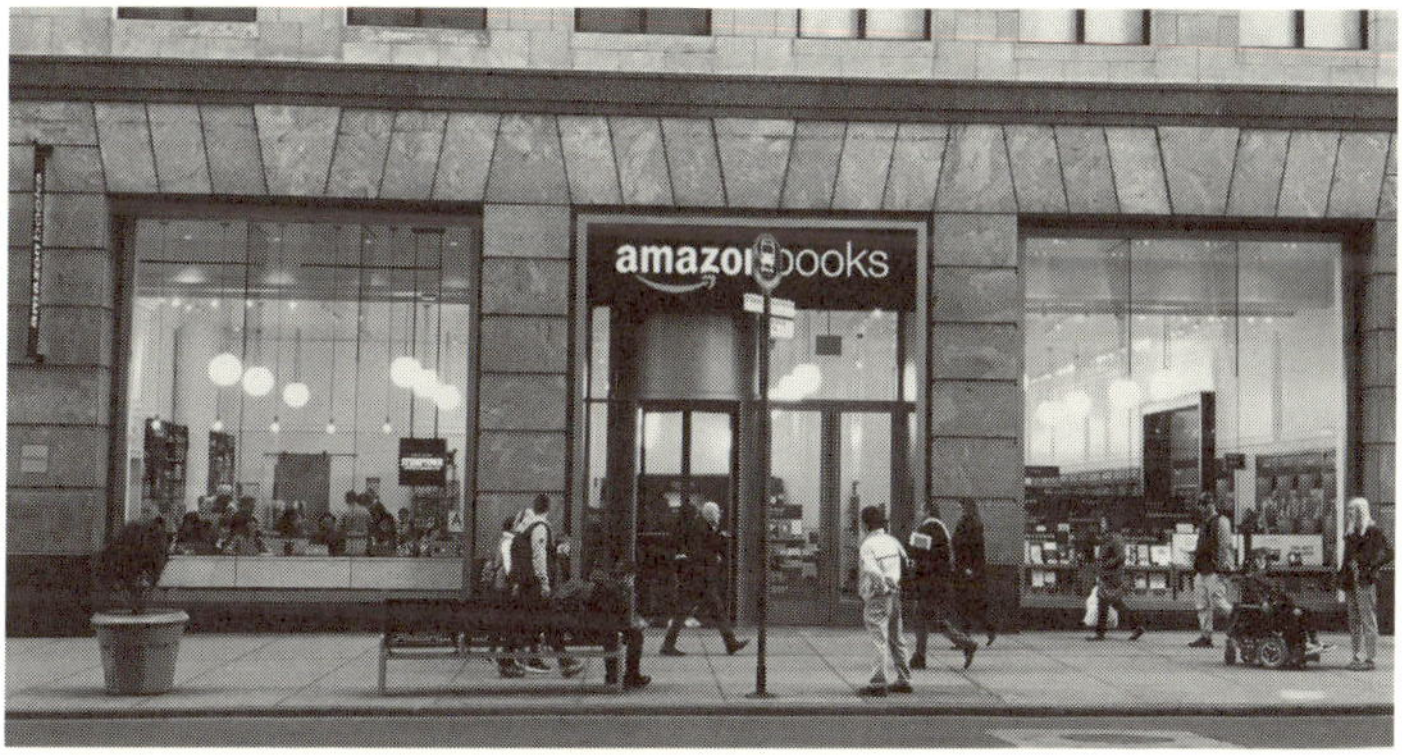

ニューヨークのAmazon Books外観。

Kindle販売。

書籍はすべて面陳列。

価格・在庫照会。

レジカウンター。

日本の書店で一般的に見られるような、本の背表紙を外側に向けて本棚に横一列に並べていく「背差し（棚差し）」は一冊もありませんでした。

「これは、ショールームに近いのかな」

それが、店内を見渡した第一印象でした。

陳列された本には、アマゾンストアでの星数評価やカスタマーレビューを記載したカードがそれぞれ付されているので、人気や注目度がひと目でわかります。

本のカテゴリーわけも、アマゾンストアで四つ星以上のレーティングを獲得している本、ニューヨーク・エリアでのベストセラー、三日間で読める本、ウィッシュ（読みたい）リストにもっとも多く入っている本など、切り口がユニークです。

本の価格は表示されておらず、スマートフォン（スマホ）のカメラをかざして、専用アプリでチェックする仕組みです。レジではアマゾンストアで登録した決済方法で支払いができ、アマゾン・プライム会員は割引があります。

店舗面積は五二〇〇平方フィートといいますから、約四八〇平方メートル。

東京で売り場面積がいちばん大きいジュンク堂書店池袋本店が地下一階〜九階を合わせて約六六〇〇平方メートル、一フロア平均六六〇平方メートルですから、日本の大型書店のフロアより、やや狭いといったところでしょう。

すべてが、面陳や面展ですから、在庫の点数は同じ面積の既存の書店と比べて圧倒的に少ないはずです。

ただ、棚を順に眺めながら、脳裏に浮かんだのは、その奥にあるアマゾンストアの膨大な在庫でした。

既存のリアルの書店は、基本的に店内ですべての在庫を抱えなければなりません。そのため、在庫の点数に制限があります。それでも、できるだけ多く抱えようとするので、多くの本が背差し陳列になります。

しかし、最近は書店で背表紙を見ながら本を探す顧客は少なくなり、背差し陳列の棚に入ったら、一部のロングセラーを除きその本はほとんど売れることはないといわれます。

一方、アマゾンの場合、Eコマースで販売する商品をストックしておくため、フルフィルメントセンターと呼ばれる巨大な物流センターがあります。そこには、既存の書店とは比べものにならないくらいの在庫を用意しておくことができます。

リアル店舗のアマゾン・ブックスには、そのなかから売れ筋の本がセレクトされて並ぶ。

しかも、面陳列なので、顧客も思わず手にとりたくなる。

また、ネット上で見つけた本を実際に手にとって確かめて購入するウェブルーミングもできれば、店頭で見た本をお店に設置された端末や自分のスマートフォンからアマゾンで注文し、自宅に届けてもらうショールーミングもできます。

読みたい本がアマゾン・ブックスの店頭になければ、アマゾンストアで検索して注文すればいい。

アマゾンは、Eコマースのための膨大な在庫を抱えているからこそ、リアル店舗網も容易に展開できた。その膨大な在庫のなかから、売れ筋を選んで店舗に並べればいいからです。

そこには、わたしがセブン&アイグループにいたころ、オムニチャネルで実現したかった「ネットとリアルの融合」を目指すリアル店舗の姿があったのです。

たとえば、スーパーの売り場です。陳列棚のスペースはかぎられるため、その限度のなかでの品揃えを考えることになります。それは、バイヤーの目利きが問われる世界です。

しかし、ネット時代は顧客も豊かな商品情報をもっています。自分の関心のある分野の商品であれば、バイヤーをしのぐ知識をもっているかもしれません。

そこで、Eコマースのサイト上では幅広い種類の在庫をそろえる。顧客はそのなかから必要な商品をネットで購入し、宅配で届けてもらう。

一方、リアル店舗の棚は、Eコマースのサイトで購入できる商品は置かず、顧客が足を運びたくなるような売れ筋の商品や、手にとって確かめてみたくなるような商品に絞って埋め尽くす。

すべての商品がネットで購入できる時代、リアル店舗は漫然と商品を並べるのでなく、いかに魅力的な空間をつくれるかが成否をわける。つまり、店舗のあり方が改めて定義し直される。アマゾン・ブックスは、それを実現していたのです。

自分で立ち上げた書籍のネット販売会社について、ソフトバンクグループからセブン&アイグループに転じたのは、ネット業界からリアルの世界に進出するより、リアルの業界からネットの世界に進むほうがはやいだろうと判断したからでした。

それは、わたしの「読み違い」でした。

リアルの世界には、店舗面積や陳列棚など、ネットの世界より、多くの制約があります。

制約があるリアル世界に身を置きながら、制約のないネットの世界のビジネスについて考えるより、制約のない世界にいながら、制約のある世界について考えたほうが自由で柔軟に発想できて、対応がしやすかったのです。

ネットからリアルに進出する際も、制約のないネットの世界のための品揃えが実現していれば、一定のコンセプトで商品の絞り込みを行って、リアル店舗をつくることができる。

しかし、その逆はそう簡単ではない。リアル店舗をベースにしていた企業がネットに進出しようとすると、在庫が足りなくなる。

アマゾン・ブックスの店内で、自分の「読み違い」を目の当たりにし、わたしは改めてショックを受けると同時に、わたしにとって過去一五年間にわたって、「競合」であったアマゾンの実力をまざまざと見せつけられた思いでした。

『第三の波』を読み「情報革命」を知る

ここで、アマゾン・ショックの意味を読み解く前に、少し紙幅をいただき、わたし自身のこれまでの歩みを簡単になぞってみたいと思います。

わたしの社会人としての出発点は、富士通のシステムエンジニア（SE）でした。

それは高校時代、兄からすすめられてアメリカの未来学者、アルビン・トフラーの著書『第三の波』（日本放送出版協会 一九八〇年）を読んだことが大きく影響しています。

人類は、これまで大変革の波を二度経験している。第一の波は人類が初めて農耕を開始した農業革命であり、第二の波は産業革命だった。そして、これから第三の波として情報革命が起き、情報化社会が到来する。

当時は一九八〇年代初頭で、日本でも「ニューメディア」「マルチメディア」といった言葉が飛び交っていました。このとき、わたしは、初めて「情報革命」という言葉を知り、これまでとはまったくちがう世界が待っているような思いにとらわれました。

「ならば、情報革命にかかわる仕事をしてみよう」と、大学は電気工学科に進み、コンピュータについて学びました。

卒業はバブルが始まるころの一九八七年。コンピュータ関連企業はＳＥを大量採用していたため、研究室推薦でＩＢＭ、ＮＥＣ、富士通と、どこでも入ることができました。

そのなかで、リクルートの会社案内にあった「業界の暴れん坊」のキャッチコピーに目がとまった富士通に、「なにか自分に合いそうだな」と入ったのが、社会人生活のスタートでした。

技術職を希望し、流通業界担当のＳＥとして配属されます。

当時は、富士通が国内のコンピュータ販売でＩＢＭを抜いたころで、社内は活況にわいていました。

また、それまで顧客がメインフレームと呼ばれた汎用コンピュータを購入すると、無料でつけていたソフトウェアの有償化へと業界全体が転換していったころで、ＳＥの仕事が業務の前面に押し出されるようになっていました。

当時の富士通の社内標語は、「ともかくやってみろ」。

わたしのあとにいわゆるバブル入社組がどんどん入ってくるようになり、わたしも入社四年目、二六歳で二〇人の部下を抱えて、大きなプロジェクトのリーダーを務めるようになりました。

若い社員でもどんどん大きな仕事を任せて、ともかくやらせてみる。失敗しても、誰も責めない。

そんなイケイケの熱気がみなぎっていました。

インドの技術者たちとともに働く

二七歳のとき、外資系IT企業からスカウトされ、転職すべきかどうか、ある親しい人物に相談すると、返ってきた言葉は「石の上にも三年」。あと三年頑張れということかと思い、とどまりました。

カルチャーショックを受けたのは、二九歳でシンガポールに駐在したときです。仕事は日系小売企業のシステム担当でした。現地では実働部隊としてインドの会社を使っていました。

三〇人ほどのインド人社員は、「富士通」といっても誰も知らない。わたしの日本での実績など、なにも通用しない。コミュニケーションそのものがとれない人たちを、どのように使っていけばいいのか。途方に暮れる毎日が待っていました。

彼らは自己主張が強いので、インド人同士ですぐけんかを始めます。和を重んじる日本人としては「まあまあ、もう少し穏やかにやりましょう」と仲裁に入りますが、まったく収まらない。

あるとき、若気のいたりで、「もう、いい加減にしろ！」と日本語で怒鳴り、机をバンと叩いて会議室を飛び出し、ホテルへ帰ってしまったことがありました。

「あ、やってしまった」と後悔し、謝ろうと思って会社に戻ると、社員たちは人が変わったように、態度がよくなっているのです。

そのときいわれたのは、「おれたちは白黒がはっきりしていないといやなんだ。日本人でこんなにはっきりものをいう人間は、初めて見た」と。それからは、コミュニケーションがうまくとれるようになり、週末は一緒にキャンプに出かけたりするようにもなりました。

文化も習慣も異なる人々と一緒に仕事をするときも、自分の意思を明確に伝え、目指すゴールを示し、自分から相手の懐に飛び込んでいけば、うまくいくことを学んだ。それは貴重な体験でした。


こんなこともありました。

インド・ムンバイの街を歩いていると、恵まれない子どもたちがお金を求めて、よってきます。

そのなかに、赤ん坊を抱いた、片方の手のない女の子がいました。思わず、お金をあげようとしたら、現地の人から「あれは、親が切り落としたのだ」といわれました。

少しでも人の同情を買いながら生きていけるよう、親が子どもの腕を切り落とす。最下層から脱することのできない人々にとっては、それも親のやさしさだというのです。

なぜ、そんな理不尽で悲しい現実があるのだろう。正直、わたしにはその意味がわかりませんでした。しかし、世の中には、自分の理解がおよばない現実も厳然としてあるんだ。それも、大きな学びでした。

ソフトバンク・孫正義さんとの出あい

「ソフトバンクの孫さんに会ってみないか」

知人にそう誘われたのは、シンガポールに駐在して一年半ほどたって、一時帰国した折のことでした。

東京・人形町の今半本店のなかの鉄板焼のお店に昼食に出かけると、そこにいたのはまさしく、ソフトバンクの創業者で社長の孫正義さんでした。

「情報革命で人々を幸せにする。ぼくがやりたいことは、このひと言に集約されます」

孫さんは初対面のわたしに向かって、自分が目指す情報革命について、肉を食べるのも忘れ、こちらが圧倒されるほどの勢いでひたすら話しまくりました。

孫さんがカリフォルニア大学バークレー校に留学していた一九歳のとき、たまたま手にとったサイエンス雑誌に一枚のチップの写真が載っていた。

人さし指の先にのるほどの小さなチップが一つのコンピュータであることを知って、手足がしびれるほど感動して以来、孫さんは情報革命の実現を志した。

お会いしたのは一九九六年で、ソフトバンクはパソコン・ソフトの流通や出版事業を手がけていました。

情報革命について熱く語る孫さんの姿に、トフラーが予言した第三の波がいよいよ始まるのかと、わたしも胸のなかに熱いものがこみ上げてくるのをおさえられませんでした。

シンガポールに駐在中、わたしはもっと日本を知らなくてはと歴史書を片端から読みあさっていました。孫さんも歴史好きで、食事の後半は、歴史の話題で盛り上がりました。

二人で坂本龍馬や幕末の志士たちについて語り合って意気投合し、一時間があっというまにすぎました。

「じゃあ、一緒に頑張ろう」

そういって、孫さんは手を差し出しました。面接に行ったわけではないのに、わたしは迷わず、その手を強くにぎっていました。

「石の上にも三年」とアドバイスしてくれた親しい人物に転職の決意を伝えると、今度は「即刻行きなさい」。その人物も、孫さんとは旧知の仲でした。

こうしてわたしは三一歳で、ソフトバンクに入社することになったのです。

起業の厳しさを学んだネット書店の設立

入社の挨拶のため、孫さんの部屋に行くと、のっけからこう聞かれました。

「なにをやりたい？」

「営業をやらせてください」

富士通ではずっとSEだったので、今度は営業を希望し、「いちばんトラブっているプロジェクトをやらせてください」と志願しました。

SE時代はトラブルの収拾が仕事のようなもので、得意業でした。

コンピュータソフト販売営業課長代理からスタートして、トラブル収拾で成果をあげ、翌一九九七年には課長に昇進。

当時は電話で行っていた顧客からの受注をオンライン化するシステムを提案するなど、SE出身者としてのスキルも発揮しながら、売り上げものばし、翌一九九八年には部長に昇進します。

そのころ、ソフトバンクがアメリカのヤフーと共同で合弁会社ヤフーを設立し、一九九六年に立ち上げた国内初のインターネットのポータルサイト、Yahoo! JAPANが首位を独走し、大成功を収めつつありました。

「これからは、ソフトバンクの経営資源をすべてインターネットに集中する」

一九九九年初頭の全社大会で、孫さんはそう宣言すると、「なにかいい案があったらどんどんもってくるように」と、事業プランの社内募集を開始しました。

イー・ショッピング・ブックス記者発表の様子。

自分も起業してみよう。

わたしは、夜は本を読まないと眠れないほどの本好きだったため、インターネットで読みたい本を注文し、コンビニの店頭で受け渡しと代金決済を行い、宅配も併用する日本型Eコマースを提案。即決で採用されました。

本の在庫・物流は日本一の出版取次会社であるトーハン、店舗網は国内最大のセブン‐イレブン、集客力はインターネット最大手のヤフーという、それぞれ日本のナンバーワン企業の力を結集する。

ソフトバンクとその三社の合弁会社として、一九九九年八月にイー・ショッピング・ブックスがスタートしました。


このとき、孫さんから学んだのは、起業の厳しさでした。会社の設立の発表時に、孫さんが「年内にサービスを立ち上げる」と宣言したため、早急に人材を集めなければなりません。なにしろ、社員は社長のわたし一人しかいませんでした。

そこで孫さんに、「ソフトバンクから人を出してくださいよ」と頼むと、

「おまえ、経営者だろう！　甘えるな！」

一喝です。結局、自分の友人を誘ったり、求人広告を出したりして必死に人を集め、設立にこぎつけると、会社に泊まり込みながら徹夜の連続で、サービス開始にこぎつけました。

宅配の配送業者は、クロネコヤマトのヤマト運輸にお願いすることにしました。

何度か打ち合わせを重ねるなかで、あるとき、担当の方を誘ってカラオケに行きました。実際の業務を担うのは担当の方なので、コミュニケーションをとりたいと思ったからです。

何曲か歌っているうちに、インパクトのある曲がいいなと思い、ヤマト運輸の社名にかこつけて、『宇宙戦艦ヤマト』を歌ったところ、とても盛り上がったのを覚えています。

このカラオケをとおして、ヤマト運輸との距離は一気に近づきました。

社内でも、社外でも、ビジネスの枠を超えたつき合いがいかに大切か。

このつき合いが上手な人はビジネスの面でも得をすることが多く、つき合いの多さや深さがその人の魅力につながっていく。そんなつき合いの大切さも、起業するなかで学んでいきました。

アマゾン上陸に武者震い

イー・ショッピング・ブックスのサイトを一九九九年一一月にオープンしてから一年後のことです。二〇〇〇年一一月、アマゾンがイギリス、ドイツに続いて、いよいよ日本に上陸してきました。

日本への進出は、まえがきで述べたように、ベゾスが提携を求めて孫さんに会いに来た際、わたしも立ち会ったので当然知っていました。

いざ上陸となり、マスコミもいっせいに注目し始めました。

これからは厳しい競争を強いられるが、こちらにはセブン‐イレブンの店舗網があると、武者震いしたものでした。

しかし、アマゾンはさすがに強く、書籍のインターネット販売で一気に首位に躍り出て、二位がわれわれ、三位が楽天ブックスという構図ができあがっていきました。

ネットの世界では、リアルの世界の常識は通用しないことも学びました。いまでも覚えているのは、われわれの親会社であるヤフーがアマゾンのバナー広告をサイト上にのせたことです。当時、社長だった井上さんに、「なぜ、敵に塩を送るんですか。ひどいじゃないですか。ヤフーだって、いつか食われますよ」と食ってかかったところ、「でも、やっぱりいっぱい広告費をもらえるからな。ヤフーとしては当たり前だろ」といわれ、引き下がるしかありませんでした。

ちなみに、イー・ショッピング・ブックスがまだ赤字決算のころ、一度、土日にかけて温泉へ一泊旅行をしたことがあり、その話を井上さんにしたところ、「へえ、赤字会社の社長が温泉に行くんだ」と返され、「わかりました。黒字になるまで絶対行きません」と自分に誓ったこともありました。

その後、わたしが温泉に出かけたのは、創業五年目に黒字化を実現してからでした。起業した以上は、絶対甘やかさない。それが、ソフトバンクグループの厳しさでした。

アマゾンは常に眼前に立ちはだかる巨大な競合相手だった

アマゾンの日本上陸後、われわれは常にその動きを意識しながら、事業を展開していきました。

アマゾンが書籍だけでなく、ＣＤ・ＤＶＤのとりあつかいを始めれば、われわれもトーハンに頼み込んで、本来は扱わないＣＤとＤＶＤの在庫をもってもらいました。

アマゾンにはない独自の品揃えで特徴を出すため、こちらは知恵と行動力を発揮する。

アニメ映画『千と千尋の神隠し』の公開時には、「スタジオジブリの世界観をぜひ、うちのサイトで伝えたい」と同社の鈴木敏夫プロデューサーに直談判し、日本のネット書店で初めて、「スタジオジブリコーナー」の開設にこぎつけました。

アマゾンの当時のターゲットが、どちらかといえばインテリ層が中心であったので、われわれは、一方では庶民派路線でコミック分野に注力し、もう一方では単価が高く、一定の需要が見込める医学書などの専門書も充実させようとしました。

また、これも毎年、必ず一定の需要が見込める大学入試過去問題集の代名詞「赤本」(教学社)に着目し、全大学について品揃えをするといった独自色も強めていきました。

赤本については、ヤフーに乗り込み、「親会社であるみなさんはわれわれを育てる義務がある」とけしかけて、サイト上にキャンパス情報のコーナーをつくってもらい、連携させることで、アマゾンをはるかにしのぎ、日本でいちばん多く販売しました。

二〇〇五年に社名をイー・ショッピング・ブックスからセブンアンドワイに変更したのも、まえがきで述べたように、セブン－イレブン・ジャパンから「セブン」を、ヤフーから頭文字の「ワイ」をとり、アマゾンとちがって、リアルとネットの両方の便利さをあわせもつ特徴を印象づけるためでした。

同じころ、アマゾンジャパンも、日本ではコンビニ店舗での受けとりが必要であると考え、社長のジャスパー・チャンがセブン－イレブン・ジャパンに対し、一度、アプローチしてきたことがありました。

その申し出を受け入れれば、セブンアンドワイもアマゾンとなんらかの連携が求められます。アドバイスを求められたわたしは、申し出を断るよう進言しました。

それは、次のような理由からでした。

セブンアンドワイでは、イー・ショッピング・ブックスのころから、顧客の七割は商品の受けとりと代金決済について、セブン－イレブンの店舗を利用していました。

そのことから、わたしは小売業は最終的には「ネットとリアルの融合」の形態をとるだろうと予測していました。

ただ、それには、ネット上のネットワークについても、リアル店舗のネットワークについても、いずれも自前のプラットフォームを有していることが必要だと考えていました。

セブンアンドワイ時代の筆者。

とすると、アマゾンのEコマース事業について、セブン－イレブンの店舗での受けとりの申し出を了承した場合、アマゾンのEコマースのプラットフォームにセブン－イレブンの店舗が組み込まれ、結果、ひさしを貸して母屋をとられるような事態が危惧されたのです。

これは最近の話ですが、ファーストリテイリングの柳井正会長兼社長は、アマゾンに出店しない方針を明示し、その理由として、他社製品と同じように並べられることで、「多くのブランドのワンオブゼムになり、アマゾンに商品が値下げされれば、ブランドにマイナスになる」と語っています。

つまり、アマゾンのプラットフォームに組み込まれることを危惧したという意味では、同じ考えによるものだったと思います。

こうしてアマゾンから申し出を断った瞬間から、アマゾンとセブンアンドワイは売上高では数倍の開きがあったものの、完全に競合関係にならざるをえなくなりました。

そのアマゾンは商品の枠を広げ、家電の販売を始めました。さすがにトーハンに家電までとりあつかいをお願いするわけにはいきません。

だとすると、われわれの強みであるセブン‐イレブンとの連携に軸足を移し、アマゾンよりいち早く、ネットとリアルの融合を目指すのが最善の策ではないか。

この戦略を描いて、セブンアンドワイは二〇〇六年、ソフトバンクグループを離れて、セブン&アイグループに入り、セブン‐イレブン・ジャパンの子会社になることを選択したのです。

アマゾンにオムニチャネルで対抗する

「日本一のご用聞き」を目指す。それが、セブン&アイグループで進められたネット事業のコンセプトでした。自宅にいながら、ネットなどで商品を注文し、届けてもらう。ネット事業を

「現代のご用聞き」と位置づけたのです。

二〇〇九年、それまでグループの各事業会社が個別にとりくんでいたネット通販事業を統合するため、新たに総合ネット通販サイト、セブンネットショッピングがオープンし、われわれの会社がサイトの運営を担当することになります。

ここにセブン‐イレブン、イトーヨーカ堂、そごう・西武、ネットスーパー、チケットぴあ、食事宅配サービスのセブンミール、旅行事業のセブンカルチャーネットワーク、専門店のアカチャンホンポなどが順次参加していきました。

これにより、世界でも類を見ないほど多様な業態を擁するセブン&アイグループならではのネットサービスを自宅にいながら、ワンストップで利用できるようになり、「日本一のご用聞き」を目指す体制が整えられました。

アマゾンは巨大なフルフィルメントセンターに幅広い在庫を確保するとともに、フルフィルメントセンターのスペースをマーケットプレイス（ほかの小売業者がアマゾンのサイトに出品・販売できる仕組み）の事業者にも在庫を用意する場所として提供しています。それが迅速な配送を可能にしています。

ネット販売においては、自前の物流センターをどれだけもてるかが勝敗をわける。デジタル時代には自前主義が優位性を発揮します。

そこで、われわれもネット事業の拡大に合わせ、二〇一三年には埼玉県久喜市にセブン&アイグループ初のネット専用倉庫「セブンネット久喜センター」を開設しました。同センターは延べ床面積約五万三〇〇〇平方メートルと、アマゾンのフルフィルメントセンターと比べても遜色のない規模でした。

この久喜の自前の物流センターについても、従来、リアルの世界でアウトソーシングによるもたざる経営を続けてきた人々には、なかなか理解が得られませんでした。

このほか、トーハンの出版取次の強みを活かし、アマゾンに対抗するためのサービスに挑戦したこともありました。

顧客が書店に本を買いに来て在庫がないと、版元から取り寄せるのに多少の期間を要します。すると、顧客はアマゾンで注文しようと考えます。アマゾンにも在庫がなければ、やはり取り寄せに期間を要します。

そこで、わたしの発案で、顧客が書店の店頭で注文した商品を、注文後二日(一部地域は三日)で、トーハンが書店店頭に届ける「本の特急便」という店頭取り寄せサービスを開始しました。

取り寄せについては、われわれのセブンネットショッピングを優先的に扱ってもらう。これは、資金がかぎられたなかでの知恵を使った戦い方でした。

こうしてネット事業を拡大したものの、まだまだとりくみは不十分なものでした。

セブンネットショッピングの総合ポータルサイトは、シングルサインオンといって、顧客がセブンネットショッピングのＩＤ（コンピュータ・システムの利用において、ユーザーを識別するために用いられる符号）を使えば、どのサイトも利用できる「入り口の統合・共通化」であって、そこから先のシステムは各社とも別々になっていたのです。

各社のネット通販の位置づけも、店舗で販売していた商品の一部をネットでも販売するという、リアルに対する〝アドオン（拡張）〟、すなわち、リアルをベースにネットをプラスする「リアル＋ネット」の〝足し算〟の発想にとどまっていました。

そこで、システムもすべて統合し、「ネットとリアルの融合」によるシナジー（相乗効果）を追求する「リアル×ネット」の〝かけ算〟への進化を志向したのがオムニチャネルでした。

ネットとリアルのシームレスな融合を意味するオムニチャネルという概念は、アメリカの大手百貨店メイシーズが二〇一一年に使用したのが始まりです。

オムニとは「すべて」の意味。オムニチャネルは、ネットとリアル、すべての顧客接点を連携させて顧客にアプローチする方法と説明されます。

セブン＆アイグループは二〇一三年八月に、グループの戦略会議において、「オムニチャネル戦略の遂行」を決定します。

この決定を主導したのは、わたし同様、「ネットとリアルの融合」の必要性を説き、「ネットを制したものがリアルも制する」が持論だった鈴木元会長でした。

翌九月、元会長の指示で急きょ、グループ各社のトップおよび幹部社員およそ五〇人がアメリカへ、実情視察のため派遣されます。二週間にわたって派遣された際、もっとも参考にしたのもメイシーズのとりくみでした。

全米に七〇〇店舗以上を展開していたメイシーズは、一〇〇店舗を超す閉店を余儀なくされるなかで、オムニチャネル戦略に投資を集中させていたのです。

一般的に、ネット社会になり、ネットでの販売が増えると、リアルからネットへ顧客が流れ、その分、リアル店舗での販売が減ってしまうと思われがちです。

しかし、実情視察で明らかになったのは、オムニチャネルでは、むしろ、顧客との直接の接点を担うリアル店舗の質と量が重要なカギをにぎり、軌道にのせれば、リアル店舗の成長にもつなげることができるということでした。

アメリカで先行して進んでいたオムニチャネルは、百貨店やディスカウントストアといった一業態でリアルとネットを結ぶとりくみでした。しかし、これでは本当の便利さは提供できません。

われわれが目指したオムニチャネルは、コンビニ、スーパー、百貨店、各種専門店、レストラン、ネット通販など、あらゆる業態が扱う商品について、二四時間、いつでもどこにいても買い物ができ、都合のよい時間や場所で商品を受けとれるようにする。

このとき、圧倒的な強みを発揮するのが、国内最大規模のセブン－イレブンのリアル店舗網でした。

二〇一五年一一月には、世界で初めて幅広い業態を結び、ネットとリアルを融合したセブン&アイグループのオムニチャネル「omni7（オムニセブン）」が本格稼働します。

オムニチャネルのシステムは、各社の基幹システムと連動し、顧客データベースと商品データベースを統合し、グループのEコマースとしてデジタルで戦えるベースをつくりあげました。

計画どおり、五年かけて軌道にのせれば、アマゾンが業容を拡大していっても、十分に対抗できる体制を整えることができると、わたしは読んでいました。

ただ、プロジェクトを進める一方で、これまでリアルの店舗で成功体験を積み上げてきたため、リアル＋ネットの足し算の意識から先へはなかなか進めなかった人々も多くいたことも事実でした。

オムニチャネルの最大の推進者であった鈴木元会長が、本格稼働から七カ月後の翌二〇一六年五月、退任。

プロジェクトが減速したこともあり、わたしはomni7のシステムのバージョンアップをやり遂げたのを区切りに、二〇一六年一二月、退職を選択します。

そして、翌二〇一七年三月に起業し、その年の秋、自由の身になって訪れたニューヨークで目の当たりにしたのが、いずれ日本でも目にするであろうアマゾン・エフェクトの光景だったのです。

第2章

アマゾンに対抗できるのはどのグループか

トイザらスの倒産は対岸の火事ではない

話は、ニューヨークに戻ります。

アマゾン・ブックスで三歳になる息子のために絵本を購入したあと、向かったのはタイムズスクエアにあるトイザらスの店舗でした。

玩具販売大手のトイザらスはもともとタイムズスクエアに旗艦店を出店していましたが、二〇一五年一二月、業績不振に家賃高騰が重なり、閉店。訪れたのは、二〇一七年七月に、同じ場所で一二月末までの期間限定で設けた店舗でした。

そのトイザらスの店舗はまさに、アマゾン・エフェクトを象徴する存在でした。

タイムズスクエアの店舗の再開店から二カ月後の九月一八日、トイザらスは連邦破産法一一条（日本の民事再生法に相当）の適用を申請しました。

われわれ昭和世代にとって、子どものころはデパートの玩具売り場が天国だったように、平成世代の子どもたちにとって、一九九一年に日本に上陸し、出店を開始したトイザらスの店舗は、夢のような世界でした。

それが、破産法申請にいたったのは、一つにはスマートフォンやタブレットの登場による子どもたちのデジタル志向などの要因もあります。それ以上に大きいのはネット通販の普及、わけてもアマゾンの躍進による影響でした。すなわち、アマゾン・エフェクトです。

アマゾンでの玩具の売り上げがのびる一方で、トイザらスは二〇一三年以降、利益を生み出せない状態が続いていたのです。

トイザらスも以前は、アマゾンでの唯一の玩具販売業者として契約を交わし、Eコマースに出店していました。トイザらスの公式サイトをクリックすると、アマゾン内のトイザらス専用ページに飛ぶ仕かけになっていました。

ところが、この出店により、玩具販売のノウハウと顧客データを手に入れたアマゾンは、トイザらスの品揃えが十分ではないことを理由に、ほかの玩具業者もマーケットプレイスに招き入れ始めました。

そこでトイザらスも対抗して、独自にトイザらス・ドット・コムというオンラインショップを立ち上げ、ネット販売を開始しました。

しかし、ここで命運がわかれます。トイザらスのオンラインショップはとても、アマゾンに太刀打ちできるものではありませんでした。

一つは、アマゾンの自前主義の強みです。トイザらス・ドット・コムはサイトを一回つくったきり、ほとんど画面が変わらず、マンネリ化していったのに対し、アマゾンのサイトは常に画面が進化していきました。

アマゾンには、ABテストといって、たとえばAのデザインとBのデザインのどちらが顧客の購買率が高いかを常にテストし、新しいサイトをつくり続けていくというクリエイティブなルーチンが根づいています。

そして、それが可能なのは、社員の半数以上をエンジニアが占め、自分たちで要件を定義してはシステムを改修し、進化させることができるからです。

タイムズスクエアのトイザらス外観。

もう一つの要因は、オンラインショップでの品揃えの問題でした。リアル店舗網を拡大することで成長したトイザらスはネット販売においても、「店舗で扱っている商品が買えればいい」という発想から抜け出せませんでした。

リアル店舗では物理的制約から実現できない品揃えの豊富さにこそ、ネットならではの価値がある。アマゾンがトイザらスとの契約がありながら、その品揃えに満足できず、ほかの玩具業者をサイトに招き入れて品揃えを拡充していったのは、ネットの本質を知りつくしていたからでしょう。

「店舗で扱っている商品が買えればいい」という、リアルを起点とした発想から抜けきれない問題はトイザらスにかぎったことではありません。

わたしがセブン＆アイグループでオムニチャネル・プロジェクトを推進するうえでも、リアルを起点とした発想からいかに脱するかは大きな課題でした。

オムニチャネルの旗振り役だった鈴木元会長は、プロジェクトを進めるなかで、繰り返し、こう唱えていました。

「ネット上で販売する商品の品目数では、ネット通販の専門企業のほうが圧倒的に多い。しかし、われわれのグループは、新しく上質で差別性の高い商品を自ら生み出す能力をもっている。たとえば、ソーシャルメディアなど、お客様がネット上で発信された情報を活用することで、マーケットの変化をより的確にとらえた商品をお客様参加型で開発する。あるいは、お客様の声をもとにまだ世の中に知られていないすぐれた商品を発掘する。オムニチャネルにおいても、決め手となるのは商品開発力である」

「新しい商品を最初からリアル店舗で販売しようと思うと、一定量以上の数量を販売しなければならないが、ネット上であれば、多品種少量販売も可能になる。仮にリアル店舗では一〇〇の売り上げが必要でも、ネットでは一〇の売り上げの商品を一〇個展開してトータルで一〇〇の売り上げを確保することもできる。そのなかから、きわめてニーズの高い商品を見きわめて、リアル店舗での販売に移行させ、ヒット商品へと育てていく展開は、ネットとリアルの両方のチャネルをもつ業態だからこそ可能になる」

とりあつかうアイテムの数ではアマゾンにはおよばないものの、リアル店舗では扱いが難しくてもネット上だから販売できるような、質の高いオリジナルな商品を数多く開発し、品揃えをする。

そこからニーズをつかみ、リアル店舗向けの商品開発にもつなげていく。

グループ内で「リアルで売れたものをネットで販売する」という固定観念が依然、強いなかで、元会長が口を開けば、「商品を開発しろ」「それは、雑巾のような身近な商品であってもかまわない」と唱え続けたのは、リアルの制約にとらわれない、ネットを起点とした品揃えの重要性を説くためでした。

しかし、その商品開発の体制が整わないうちに、元会長は退任していきました。

トイザらスのタイムズスクエアの店舗は、一階のメインの売り場こそ、クリスマス商戦に向け、商品がそれなりに並んでいましたが、ほかの売り場はどの棚も在庫の補充が不十分で、全体的に荒れた印象でした。

店舗で働く従業員も、アマゾン・ブックスではみんな活き活きとしていて、そこで働くほこりのようなものさえ感じました。それに対し、トイザらスでは見るからにやる気がなさそうで、レジの周辺に四人いても、レジは一つしか開いていないありさまでした。

「あのトイザらスが、こうも変わるのか」

それは、デジタルシフトに対応できなかった企業の末路を見る思いでした。

これは対岸の火事ではなく、日本でも起こりうるのです。

ホールフーズの店頭で実感したアマゾンの顧客戦略

三番目に訪れたのは、高級食品スーパー、ホールフーズ・マーケットの店舗でした。

アメリカ国内に四四八店舗（ほかにカナダ、イギリスで二二店舗）を展開するホールフーズもトイザらスと同様、デジタルシフトでおくれをとった企業です。

ただ、トイザらスと決定的に異なるのは、二〇一七年八月、アマゾンに一三七億ドル（約一兆五〇〇〇億円）で身売りすることで、逆に店に活気が戻ったことでした。

わたしが訪ねた店舗も、買い物客でかなりにぎわっていました。

ホールフーズといっても、日本人には耳慣れない名前ですが、この買収が発表されるや、全米のテレビ、新聞、ネットニュースがこの話題でもちきりになるほど、アメリカ人にはなじみの深い存在でした。
リアルの世界での著名企業が、デジタル時代の先頭を走るアマゾンによって買収された。ツイッターに書き込まれて話題を呼んだアマゾンのCEO、ジェフ・ベゾスとアマゾン・エコーとの次のような架空のやりとりは、今回の買収劇を象徴しています。

ベゾス「アレクサ、ホールフーズでなにか買って」
アレクサ「承知しました。ホールフーズを買収します」

デジタルシフトにおくれると、エコー経由で商品を買うのと同じくらい、いとも簡単にアマゾンに買収されてしまうと。

ホールフーズマーケットの外観。

ホールフーズの業績を過去一〇年のスパンで見れば、店舗数、売り上げともにのびていました。ただ、最近は二年連続で営業利益が減少し、既存店売上高も減り続けていました。
さまざまな要因が指摘されていますが、特に注目されたのが、消費者の買い物の仕方が食料品の分野でも変化したことです。

リアル店舗とオンラインを併用するようになり、ホールフーズはネット化への対応が不十分だったことが、低迷の一因であるといわれます。

だからこそ、アマゾンへのホールフーズの身売りは、ネットとリアルの融合を象徴する出来事として注目を集めたのです。

アマゾンの買収効果は、すぐあらわれました。ホールフーズは買収完了直後から、商品について最大で四三％の値下げを実施。来店客数は、八月末に前年同期比二五％の増加を記録しました。

「アメリカでもっともヘルシーな食料品店」を標榜し、オーガニック食品を数多くとりあつかうため、商品全般の価格はほかの食品スーパーと比べて、依然としてかなり高額です。

それでも、値下げが消費者の関心を引き、客足をのばすことにつながったのです。

その結果、価格競争が激化する懸念から、競合のスーパー大手、クローガーの株価は年初来で四割近く下落するなど、食品スーパー各社の株価は軒並み低下しました。

まさにアマゾン・エフェクトです。

アマゾンは、生鮮品の分野でも業界をゆるがし始めた。

店内を回りながら、「Amazon」のロゴ入りの値札を見てそう感じたのは、この値下げにこそ、単なる価格競争の次元を超えたアマゾンの経営理念と顧客戦略を読み取ったからでした。

買収効果は店舗でも、さまざまな面であらわれてくるでしょう。たとえば、ホールフーズはレジ待ちの時間が長いという課題も抱えていました。わたしが訪ねたときも、レジには行列ができていました。

ただ、二〇一八年一月にオープンしたアマゾンゴーの技術が導入されればレジ待ちもなくなり、顧客の快適さが格段にあがる未来が予想できました。

買収効果のなかでも、もっとも大きいのは、ネットとリアルの融合です。

アマゾンは二〇一八年二月、いよいよ、ホールフーズが扱う高品質な生鮮食品を含む多様な商品をプライム会員向けのネットスーパー、プライム ナウ（prime now）での販売と最短一時間以内の配達を開始しました。

一回あたり三五ドル以上の購入で、七・九九ドルの配送料がかかりますが、二時間以内であれば無料です。四都市からスタートし、二〇一八年中には多くの地域で展開する計画です。

アマゾンはすでに、「365 Everyday Value」というホールフーズの自然食品プライベートブランドのネット販売を行っていましたが、今後はますます、ネットとリアルの融合が本格化していくでしょう。

会社の利益を未来への投資に回すアマゾン

「地球上で最もお客様を大切にする企業」

それが、アマゾンの経営理念です。この理念は、業績の数字そのものに端的にあらわれています。

アマゾンの売上高は右肩上がりでのび、二〇一六年の年間売上高は一三六〇億ドル（約一五兆円）に達します。

ところが、営業利益は約四二億ドルで利益率は三％にすぎません。

二〇一七年第3四半期（七〜九月）の売上高は過去最高を記録しましたが、営業利益率はわずか〇・八％でした。売上高が急速に拡大を始めた二〇〇〇年代半ば以降の最終損益の推移を見ると、一貫して収支トントンが続いています。

アマゾンは、稼いだ利益の大部分をネット通販の値下げ、新規事業や物流網構築など長期的な投資につぎ込むからです。

そんな経営姿勢を、株主も高く評価しています。

アマゾンは上場企業でありながら、株主に配当を一度も払っていません。それでも、アマゾンの時価総額（二〇一七年一一月末時点）はアップルに次いで、世界第二位です。

現在、時価総額が一兆ドルにもっとも近いのは八八二三億ドル（同）のアップルですが、加速度的に成長を続けるアマゾン（同七一四七億ドル）のほうが先に到達する勢いを見せています。

会社の利益を顧客の満足度の向上のために使う。

配当がゼロであっても株主がアマゾンの経営姿勢を高く評価しているのは、株主利益優先より顧客利益優先の「カスタマー・セントリック（顧客中心主義）」のほうが長期的で継続的な成長につながると確信しているからでしょう。

「最高のカスタマー・エクスペリエンス」を提供する

二〇〇〇年代に入ってから、アメリカ企業の掲げる経営ビジョンのなかに、「最高のカスタマー・エクスペリエンスを提供する」という言葉を見かけることが多くなってきました。

カスタマー・エクスペリエンスとは文字どおり、「顧客体験」、ユーザーとしての体験です。アマゾンの本質をひと言であらわせば、「究極の顧客体験を提供する企業」ということができるでしょう。

本来、顧客一人ひとりが商品やサービスの購買をとおして求める「最高の体験」は画一的ではなく、それぞれ、趣味や嗜好、生活スタイルなどによって異なります。デジタル化の時代には、そのような顧客のあらゆる購買行動をデータとしてとらえることが可能になります。

企業などがビジネスなどを行うためのシステムやサービスをプラットフォームとして提供、運営する事業者をプラットフォーマーといいますが、アマゾンは、グーグル、フェイスブック、アップルを含めたデジタル時代の四大プラットフォーマーのなかでも、もっとも多くの顧客データを有しているといわれます。

第一に、顧客の購買データです。購買前に顧客がどのような商品を検索しているかという商品検索についても、アマゾンはグーグルをしのぐ強さを発揮するようになっています。

ある調査によれば、アメリカでユーザーがなにかを購買する際、検索エンジンとしてグーグルを使う割合は、二〇一四～一六年の二年間で五五％から二六％に半減したのに対し、アマゾンをつうじて検索する割合は三八％から五二％にまでのびているといいます（アメリカの金融サービス会社レイモンド・ジェイムズ社の調査より）。

アマゾンが特に強みを発揮するのは、こうした顧客データをもとにしたリコメンデーション機能です。

過去の商品検索や閲覧履歴、購入履歴などから、顧客一人ひとりの趣味や嗜好の傾向を探り出し、それに合致すると思われる商品をサイト上やメールで重点的に顧客一人ひとりに推奨する。

最先端のリコメンデーション機能を駆使しながら、顧客一人ひとりがオンラインで求めるあらゆるものを検索・発見できるような、世界でもっとも顧客重視の企業であることを目指す。それが、アマゾンです。

ただ、顧客中心主義という点では、わたしが一〇年間、籍を置いたセブン＆アイグループもきわめて高いレベルにありました。

同じ顧客中心主義でも、アマゾンとセブン＆アイグループとでは、どこがちがうのか。わたしはあるとき、両社は発想が根本から異なることに気づかされました。

セブン-イレブンはリアルの世界では顧客中心主義の最先端を行く

セブン＆アイグループのなかでも、もっとも顧客中心主義を徹底していたのは、セブン-イレブンでしょう。

そもそも、一九七三年のセブン-イレブンの創業がそうです。

鈴木元会長が日本での本格的なコンビニエンスストアチェーンの立ち上げを提案したとき、「日本では各地でスーパーが進出し、商店街のかなりの部分が衰退している状況を見ても、小型店が成り立つわけがない」と社内外で猛反対されます。

それでも、「小型店でも顧客のニーズにきちっと応えていけば、経営が成り立ち、大型店との共存共栄が可能である」と、顧客を起点に発想することにより、創業に踏みだします。

セブン銀行の設立も同様でした。

元会長が、主にセブン‐イレブンの店舗にATM（現金自動預払機）を設置するための銀行設立を構想すると、「銀行のATMも飽和状態にあるのに収益源がATMだけで成り立つはずがない」「素人が銀行を始めても必ず失敗する」……等々、猛反対され、容赦ない声が浴びせられました。

それでも、「コンビニの店舗にATMがあれば、顧客の利便性は飛躍的に高まる」という顧客起点のシンプルな理由から、前例のない、流通業による自前の銀行設立という困難に挑戦していきました。

セブン‐イレブンで扱う商品も、創業当初、ファストフードはホットドッグなどアメリカ型だったのを、日本型のファストフードを独自に開発しようと、おにぎりや弁当を発売。

その後も、おでん、調理麺、焼きたてパン、低価格より品質重視のプライベートブランド商品……と顧客の満足度を高めるため、どんどん広げていきました。

サービス面でも、公共料金などの収納代行サービス、住民票の写しや印鑑登録証明書が夜間や休日でも身近な店舗で取得できる行政サービス、各種資格試験の受験申し込み、保険の販売、クリーニング取次……と、幅を広げてきました。

こうした商品やサービスの拡大は、業容を順次拡大していったアマゾンの姿と重なります。日々の業務においても、常に「顧客の立場で」考え、売り手にとっていかに都合の悪いことでも顧客にとって都合がよければ、実行するという方針を堅持してきました。

各店舗での商品発注についても、「単品管理」といって、顧客の心理を読んで、単品ごとに明日の売れ筋商品の仮説を立て、発注し、販売の結果をPOS（販売時点商品管理）システムのデータで検証します。

この「仮説・検証」により、顧客のニーズに応えた品揃えに注力してきました。

売れ筋商品の仮説を立てて、多めに発注し、棚にフェイス（陳列面）を広くとって並べアピールするのは、リコメンデーションにほかなりません。

つまり、セブン－イレブンはリアルの世界においては、顧客中心主義の最先端を走っていたといえるでしょう。

しかし、それはあくまでも、店舗をベースにした顧客中心主義でした。

アマゾンの方程式は「ライフタイムバリュー×アクティブユーザー数」

一方、アマゾンも商材の幅をどんどん増やしながら、二〇〇五年からアマゾン・プライムという会員プログラムによる顧客の囲い込みを開始しました。

アメリカでは当初は年会費七九ドルで、二日後無料配送が主なサービスでした（現在は年九九ドル。月払いの場合は一〇・九九ドル）。

日本では年間三九〇〇円（月払いは四〇〇円）で、最速で届く「お急ぎ便」と配達時間帯を指定できる「お届け日時指定便」が、いつでも無料で利用できます。

その後は、無料のビデオ配信、音楽配信、電子書籍の読み放題、写真のクラウド保存といった会員向けサービスを次々追加していきました。

アメリカでのアマゾン会員は二〇一七年七月には八五〇〇万人に達し、三年前の二八〇〇万人から三倍以上ものびています。

配送料が無料であれば、プライム会員はちょっとした買い物でも、迷わずアマゾンで買い物をしようとするでしょう。商品販売数を閲覧数で割ったコンバージョン率は非会員より五～六倍高いといわれます。

このプライム会員のプログラムを見ているうちに、わたしが気づいたのは、アマゾンの収益モデルは日本の小売業のそれとはまったく発想が異なるということでした。

日本の小売業では、売り上げの増減を判断するとき、一店舗・一日あたりの「客単価×客数」を尺度とします。

そのため、一日に来店する顧客数と顧客の一回ごとの客単価をあげるための施策をいろいろと講じます。

一方、アマゾンは収益について、「ライフタイムバリュー×アクティブユーザー数」でとらえるのです。

ライフタイムバリューとは、「顧客生涯価値」とも訳されます。一人の顧客が特定の企業やブランドと取引を始めてから終わりまでの期間（顧客ライフサイクル）において、どれだけの利益をもたらすかを算出したものです。

これを顧客の側からとらえれば、ライフタイムバリューの高い顧客は、生涯にわたって得られる価値や満足度が高いということができます。

一方、アクティブユーザーとはもともとはＩＴ用語で、要は利用頻度が高いユーザーのことをいいます。

アクティブユーザーは、こんなふうに説明されます。ある水槽に新しい水（ユーザー）が入ってきたとします。その水槽は底に穴が開いていて、そこから抜けて外へ出ていく水もあります（ドロップユーザー）。一方、その水槽の底には循環用のパイプもつながっていて、そのパイプに入り込んだ水はまた水槽に戻ってくる（リターンユーザー）。こうして循環した水がどんどん水槽に溜まっていく。これがアクティブユーザーです。

一日の利用客数や一回ごとの利用額を増やすこと以上に、ライフタイムバリューの高いアクティブユーザーを一人でも増やすことを重視する。それが、アマゾンの収益モデルです。

たとえば、「客単価×客数」の収益モデルでは、一回の購買単価が一〇〇〇円の顧客と一〇〇円の顧客とでは、前者のほうが収益に貢献したことになります。

これに対し、アマゾンでは、一回の購買単価が一〇〇円であっても、一〇回利用してくれる顧客はライフタイムバリューが高いと考えます。

また、「客単価×客数」の収益モデルでは、一週間に三回買い物をしてくれた顧客は延べで「三人」とカウントされます。Aという顧客が三回来店しても、AとBとCの顧客がそれぞれ一回ずつ来店しても、来店した客数は「三人」です。

そして、この来店客数を増やすにはどうすればいいかが課題となります。

一方、アマゾンの「ライフタイムバリュー×アクティブユーザー数」の収益モデルでは、Aという顧客が一週間に一回買い物をしてくれても、三回買い物をしてくれても、Aという顧客は「一人」です。

そして、その「一人」をライフタイムバリューの高いアクティブユーザーへと育てるためにはどうすればいいかを考え、稼いだ利益を商品の値下げやいまあるサービスの質の向上に投資し、顧客の体験価値を高めていく。

たとえば、ビデオ配信サービスもそうです。アマゾンがビデオ配信サービスのため、二〇一七年にオリジナルの映像コンテンツ制作に投じた予算は四五億ドルと、アメリカのビデオストリーミング大手、ネットフリックスの六〇億ドルに迫るといいます（『日経ビジネス』二〇一七・一〇・二号より）。

その体験価値を高めるため、アマゾンは今後も、商材をどんどん増やしながら、プライム会員に提供するサービスを量、質ともに向上させていくでしょう。

もし、Aという顧客の立場で考えたとき、「客単価×客数」を高めようとする収益モデルと、「ライフタイムバリュー×アクティブユーザー数」を重視する収益モデルのどちらに魅力を感じるかといえば、後者になるでしょう。

日本の二大流通はアマゾンに対抗できるのか

アマゾンの提供するサービスのなかでも、今後、いっそう力を入れていくと予想されるのがネットとリアルの融合したオムニチャネルのサービスです。

アマゾンは日本でも、二〇一七年四月、生鮮食品の宅配サービス、アマゾンフレッシュをスタートさせました。

一方、セブン&アイグループは、同年一一月、オフィス用品の通販会社、アスクルと組み、生鮮食品宅配のIYフレッシュを始めたことから、マスメディアも「アマゾンを迎え撃つセブン&アイグループ」として注目しました。

しかし、わたしにはアマゾンフレッシュとIYフレッシュは、似て非なるもののように見えるのです。

デジタルシフトの時代は、自前のプラットフォームを構築し、そのうえで多様なステークホルダーを結びつけて一つの生態系（エコシステム）をつくりだし、そこに到来するアクティブユーザーの数を増やしながら、その顧客データを活用し、顧客のライフタイムバリューを高めていくことのできるものが生き残っていくはずです。

セブン&アイグループも、生鮮食品や雑貨・日用品の宅配については、オムニチャネルの独自のプラットフォームにおいて、イトーヨーカ堂のネットスーパーとして続けていました。集積された顧客データは自在に活用できます。

これに対し、IYフレッシュはアスクルの通販サイト、ロハコ（LOHACO）に出店するかたちです。構図が異なるのです。

わたしがセブン&アイグループでオムニチャネル・プロジェクトを推進したときは、自前主義によるプラットフォーム構築を志向しました。それはアマゾンと同様、状況の変化に迅速に対応するためです。

しかし、いまの経営体制は、自前主義から離れ、以前と同様、アウトソーシング化を進めようとしているようです。はたしてデジタルシフトの本質を理解しているのか、疑問です。

また、セブン&アイグループは、各事業会社の店舗で商品を購入する際に利用するスマートフォン向けのアプリ、「セブン・アプリ」を開発し、二〇一八年五月より配信を開始するといいます。

アプリはセブン‐イレブンやイトーヨーカ堂、そごう・西武など国内のグループ約二万店で利用可能で、登録した会員の購買履歴データなどを分析し、その個人に合った商品・サービスを提案する。

また、会員には店舗での購入額に応じて、商品やサービスと交換できるポイントも付与するといいます。

ただ、このアプリは本質的にはリアル店舗をベースに発想しています。「もっとお店に来て、お店にある商品を買ってください」と促す。要は、リアルにネットをプラスする足し算から抜け出ていないように、わたしには思えます。

それは、最大の店舗網であるセブン‐イレブンはフランチャイズチェーンであり、個々の店舗はオーナーの経営であるという業態の一つの宿命なのかもしれません。

セブン&アイグループと並ぶ、もう一つの流通の雄、イオンでも二〇一八年二月、大きな動きがありました。ソフトバンク、ヤフーとともにネット通販事業で提携する方針を固めたのです。

具体的には、食品や衣料品、日用品などを扱う独自のネット通販を始める。三社が提携することで品揃えや顧客情報を共有し、ネット通販で先行するアマゾンジャパンに対抗するのが目的です。

新たなネット通販では、ソフトバンクやヤフーがもつネットの市場分析技術、イオンの物流網などそれぞれの強みをもち寄り、イオンの店舗運営でも協力する。人手不足に対応するため売り場にソフトバンクグループが開発したロボットを導入するなど、先端技術の活用も検討されています。

この提携を成功させるためには、ネットに精通したソフトバンク、もしくは、ヤフー側から、リアルのよさをよく理解し、なおかつ、強力なリーダーシップを発揮できるリーダーが就任し、プロジェクトを引っ張っていくことが必要でしょう。もし、それが実現すれば、ネットとリアルをどのように融合していくか、注目すべき存在になるでしょう。

それ以上に目を離せないのが、アマゾンの動きです。アメリカで、デジタルシフトにおくれたホールフーズを買収し、アマゾン・ブックスを展開するなど、リアルへの進出を加速させています。日本でも今後、同じ動きが始まる可能性は否定できません。

アマゾンがリアルに進出すれば、リアルで買う顧客の行動と、ネットで買う顧客の行動の両方のデータをどんどん蓄積し、「スーパーでこの商品を買う顧客は、ネットではこの本を買う」といった具合にネットとリアルの境目を超えたデータをもつことで、より顧客中心主義のサービスを充実させていくことでしょう。

アマゾンに対抗できるのはウォルマートくらい!?

わたしが見るかぎり、アマゾンに対抗できる小売業は、アメリカ国内ではいまのところ、世界最大のスーパーマーケットチェーン、ウォルマートくらいでしょう。ウォルマートは、オムニチャネル戦略に本格的にとりくんでいるからです。

ウォルマートは二〇一八年度にアメリカ国内でのネット販売の売上高が前年度比で四割増える見通しを示しています。二〇一七年度の四半期ごとの決算を見ると、ネット経由の売上高が前年から五~六割増えているので、この見立てはおそらく現実になるでしょう。

ウォルマートのアメリカのネット通販市場でのシェアは約四%で、四割超を占めるアマゾンにはまだ遠くおよびませんが、その成長率はアマゾンをしのぎます。

目をみはるのは、ネット分野への果敢な投資です。

ウォルマートは二〇一一年、シリコンバレーに拠点を置くソーシャルメディア関連のベンチャー企業を三億ドル（当時の為替レートで約二四〇億円）で買収し、「ウォルマート・ラボ」を開設。二〇〇〇人以上の技術者を抱え込むと、すぐれた技術をもつＩＴ企業を十数社、立て続けに買収していきました。

二〇一六年には、ネット通販の有力スタートアップ企業、「ジェット・ドット・コム」を三三億ドル（同三三〇〇億円）で買収し傘下にとりこむと、その創業者であるマーク・ロア氏を自社のネット戦略を担う責任者として招き入れました。

ロア氏は、アメリカのEコマース業界の実力者で、ウォルマートのネット事業急拡大の立役者とされます。

オムニチャネルという概念は、メイシーズが使用したのが始まりと前に述べました。しかし、メイシーズはオムニチャネル事業を軌道に乗せることができずにいます。

それは、コンセプトでは先行したものの、IT人材が決定的に不足し、実行体制が整っていないことに原因があります。ここに、ウォルマートとの決定的な違いがあります。

ウォルマートは二〇一七年には、アマゾンと並ぶネット企業の巨人、グーグルとネット通販事業で提携にも踏み切りました。

グーグルのネット通販・宅配サービス、「グーグル・エクスプレス」に日用品など十数万点を出品。グーグルのAIスピーカー、「グーグルホーム」やスマートフォンに話しかければ、声で注文ができるサービスを開始しました。

ウォルマートのネット事業への注力ぶりが鮮明にあらわれているのは、新規出店計画です。

アメリカ国内での新規出店は、小型店も含め、過去二五年でもっとも少ない二五店舗以下までに絞り込んでいます。また、過去数年で不採算店舗の閉鎖も進めてきました。

多くのコストがかかる大型店舗を整理することにより、ネット事業への大型投資を推進するということでしょう。

二〇一七年に入ってから、店舗の従業員がネットで受けた注文を宅配するサービスの実験も始めました。

全米四七〇〇カ所の店舗網はアメリカ国民の九割を半径一〇マイル（約一六キロメートル）圏でとらえます。このリアルの店舗網と従業員は、アマゾンといえども、そう容易に確保することは難しいでしょう。

また、ウォルマートが強みを発揮するのは、生鮮品の分野です。顧客がネットで購入した生鮮品を最寄りの店舗で受けとれるサービスに力を入れ、すでにある一一〇〇店の対応店に加え、二〇一八年には一一〇億ドルを投じて、一〇〇〇店追加する計画です。

アマゾンも生鮮品販売の足場づくりのため、ホールフーズを買収し、商品の値下げ戦略を開始しました。アマゾンは利益を値下げの原資に投入しますが、一方、ウォルマートも圧倒的な購買力を活かした価格の安さをネットでも発揮するでしょう。

ウォルマートは日本でも二〇一八年一月、Ｅコマース市場でアマゾンと熾烈《しれつ》な競争を続ける楽天と戦略的提携に合意したと発表し、ネット業界や小売業界の関係者を驚かせました。

提携の第一弾として、ウォルマートの子会社である西友と楽天が共同で日本市場において、ネットスーパー事業「楽天西友ネットスーパー」を運営するといいます。

日本ではこの提携に対して、楽天サイドからとらえ、アマゾンに対抗した食品のネット通販事業の強化と見る報道が目立ちましたが、ウォルマートサイドからとらえれば、国内九〇〇〇万人をほこる楽天会員の顧客データが大きな魅力だったのでしょう。

ウォルマートも一時は、アマゾンの勢いにのまれ、業績が悪化しましたが、ネット分野で積極的な企業買収を仕かけ、自前でシステム開発ができる体制を構築すると、ジェットの買収やグーグルとの提携をテコに反攻に転じ、その指揮をEコマース事業につうじたロア氏に託した。

また、ウォルマートの社名は「ウォルマート・ストアーズ」でしたが、二〇一八年二月から「ウォルマート」に変更されました。リアル店舗をイメージする「ストアーズ」を社名から外す。ネット通販部門のさらなる拡大を目指すという、並々ならぬ覚悟があらわれています。

わたしがセブン&アイグループのオムニチャネル戦略で目指したデジタルシフトを、短期間に莫大な投資で推進したウォルマートは、今後もアマゾンの好敵手であり続けることでしょう。

ただ、明らかにいえることは、どちらも正しい方向に向かっているということです。

アマゾンは「ネットだけでは不十分でリアルの力も必要だ」と考え、ウォルマートは「リアルだけでは立ちゆかないのでネットとの融合にビジネスモデルを変更しよう」と考える。

その進む方向の先にいるのは、マスとしての顧客ではなく、個としての顧客です。最後はその顧客が、どちらがより満足度が高いかを決めることになるのです。

出おくれる日本はどうすればいいのか

わたしは前の章で、日本に押し寄せる四つのショックをあげました。一つ目のアマゾン・ショックに次いで、二つ目にあげたクラウド・ショックで注目すべきは、アマゾンのクラウド・サービス、AWSが四〇%を超える世界シェアで首位を独走していることです。

アマゾンは自社の業務のために、巨額な投資を行って、膨大な数のサーバーを有していましたが、その一部を貸し出し、業界に先駆けて、二〇〇六年に始めたのがAWSのサービスです。

クラウド事業は全売上高の一〇%を占めますが、驚くのは利益率の高さです。二〇一七年第3四半期(七～九月)では全体の営業利益は三億四七〇〇万ドルでしたが、クラウドの営業利益は一一億七一〇〇万ドルと、主力のネット通販事業の赤字を埋めています。

同じ第3四半期の全体の営業利益率はわずか〇・八%でしたが、クラウドは二六%に上るのです。クラウド事業は初期投資こそ巨額ですが、必要な人手も少なく、ランニングコストがあまりかからないからです。

小売業にとって、コンピュータ・システムは本来はコストです。しかし、アマゾンはそのコンピュータ・システムをクラウド事業に使って利益を稼ぎながら、小売業を行うのです。

セブン&アイグループにいたころ、この構図を知って、正直、「このままではとても太刀打ちできない」と危機感を抱き、「われわれが戦うにはネットとリアルを融合して徹底して効率化するしかない」と考えてスタートさせたのが、オムニチャネルでした。

三つ目のショックとしてあげたAI／IoTショックでも、アマゾンは強さを発揮するでしょう。

アメリカのAIスピーカーの市場で実に七割のシェアを占めるアマゾンのエコー（Amazon Echo）が、日本でも二〇一七年一一月から発売が開始されました。

日本ではすでに、グーグルの「グーグル・ホーム（Google Home)」、LINEの「クローバ（Clova)」が販売されていましたが、エコーの特徴は、外部企業との連携で提供する「スキル」と呼ばれるサービスの種類の多さです。

アメリカでは本格発売から三年で二万種類のスキルを提供し、その機能拡張のスピードは目をみはるものがあります。

なかでも、アマゾンが強みをみせるのは、ネット通販の機能でしょう。

人とコンピュータをつなぐインターフェースは、最初はキーボードとマウスでした。スマートフォンが登場し、タップとスワイプにかわって、人は五本の指を動かす操作から解放されました。

次のインターフェースは音声認識、すなわち、ボイスになるのは間違いありません。声を発することは年齢に関係なく、誰でもできるからです。高齢化が進むなか、ＩＴ機器に不慣れな高齢者も、自宅にいながら声だけで商品の注文ができるため、一つの社会インフラになる可能性もあります。

これから先、日本でもアメリカのように、エコーが家庭に入り込み、シェアを拡大していけば、アマゾンはエコーをつうじて、また膨大な顧客データが集積されていくことでしょう。


四つ目のショックとして、わたしは教育ショックをあげ、日本ではデジタル人材の育成でおくれをとるのではないかとの危機感を示しました。

デジタルシフトの時代には、自前でシステム開発ができるかどうかが、めまぐるしい市場の変化への対応力を左右します。それには、デジタル人材を自前で育成し、確保していかなければなりません。

ところが日本では依然、システム開発は外部発注という固定観念から抜け出ていないのが現状です。

一方、アマゾンは社員の半数以上をエンジニアが占める技術集団です。市場の変化やニーズの変化に迅速に対応して、新しいシステムやサービスを短期間でつくりあげる。この面でも、日本企業は差をつけられるでしょう。

デジタルシフトの先頭を走るアマゾンと、デジタルシフトがおくれる日本企業。このままいけば、日本でもアマゾン・エフェクトが広がり、さまざまなアマゾン・ショックが起きることが予想されます。

では、どうすればいいのか。

次の第3章では、デジタルシフトとはなにを意味するのか、その本質を読み解き、次いで第4章では、取り残される日本企業の問題点を抽出し、そして、第5章ではデジタルシフトに向けた業務改革の進め方を示していきます。

特に、第5章のなかで紹介するデジタルシフトの事例は、業務改革の具体的な指針となることでしょう。

第3章

デジタルシフトの本質はなにか

デジタルシフトとは制約から解放されること

アナログの世界からデジタルの世界へ移行すると、なにがどう変わるのでしょうか。

つまり、デジタルの本質とはなんなのか。

デジタルシフトの意味合いをひと言でいいあらわすなら、人々が「時間」「距離」「量」「方向」の制約から解放されることです。

インターネットによって世界中の人々、集団、組織がつながったことで、「いつでも瞬時に」「世界中どこでも」「無限のコンテンツ」を「双方向コミュニケーション」で授受しあう。

Eコマースで説明するとわかりやすいでしょう。インターネットにつながっていれば、誰でも、二四時間いつでも、世界中どこからでも買い物ができます。

売り手も、数量にしばられずにいくらでも商品の情報をのせることができます。

操作も、ユーザーはパソコンやスマートフォンの画面を見ながら、コンピュータからの画像や音声によるメッセージに対して、必要なことを入力し、対話するような形式で進めることができます。

AIスピーカーならば、音声だけのやりとりが可能になるでしょう。

一方、アナログの世界はどうでしょう。アナログ界でユーザーを多くの制約条件から解放したのは、セブン-イレブンを筆頭とするコンビニエンスストアのチェーンでしょう。

時間の面では、二四時間営業でタイムコンビニエンスの利便性を生み出しました。

距離の面でも、特にドミナント方式（高密度多店舗出店＝店舗ごとに商圏を隣接させながら店舗網を広げる方式）を徹底させているセブン-イレブンの場合、出店地域であれば、店舗までのアクセスは容易です。

ただ、それでも、買い物をするには店舗まで移動しなければなりません。

また、店舗面積という量の制約があるため、扱えるアイテム数は三〇〇〇種類くらいです。顧客の側から「こういう商品はありませんか」と要望しても、店舗になければどうしようもないので、基本的には一方通行です。

その昔、商品の量の多さで勝負したのが、文字どおり、〝百貨〟をそろえる百貨店でした。しかし、デジタル時代に入り、ユーザーは世の中には、百貨店にある商品のほかにも、よい商品がいくらでもあることを知ってしまいました。

日本の百貨店業界は、最盛期（一九九〇年）には一二兆円の市場規模だったのが、近年は六兆円と約半分にまで落ち込んでいます。百貨店業界の凋落は、バブル崩壊後の景気の悪化、少子高齢化による需要減少、大型ショッピングセンターの出現などの要因もありますが、ネット通

図① デジタルシフトとは、制約から解放されること

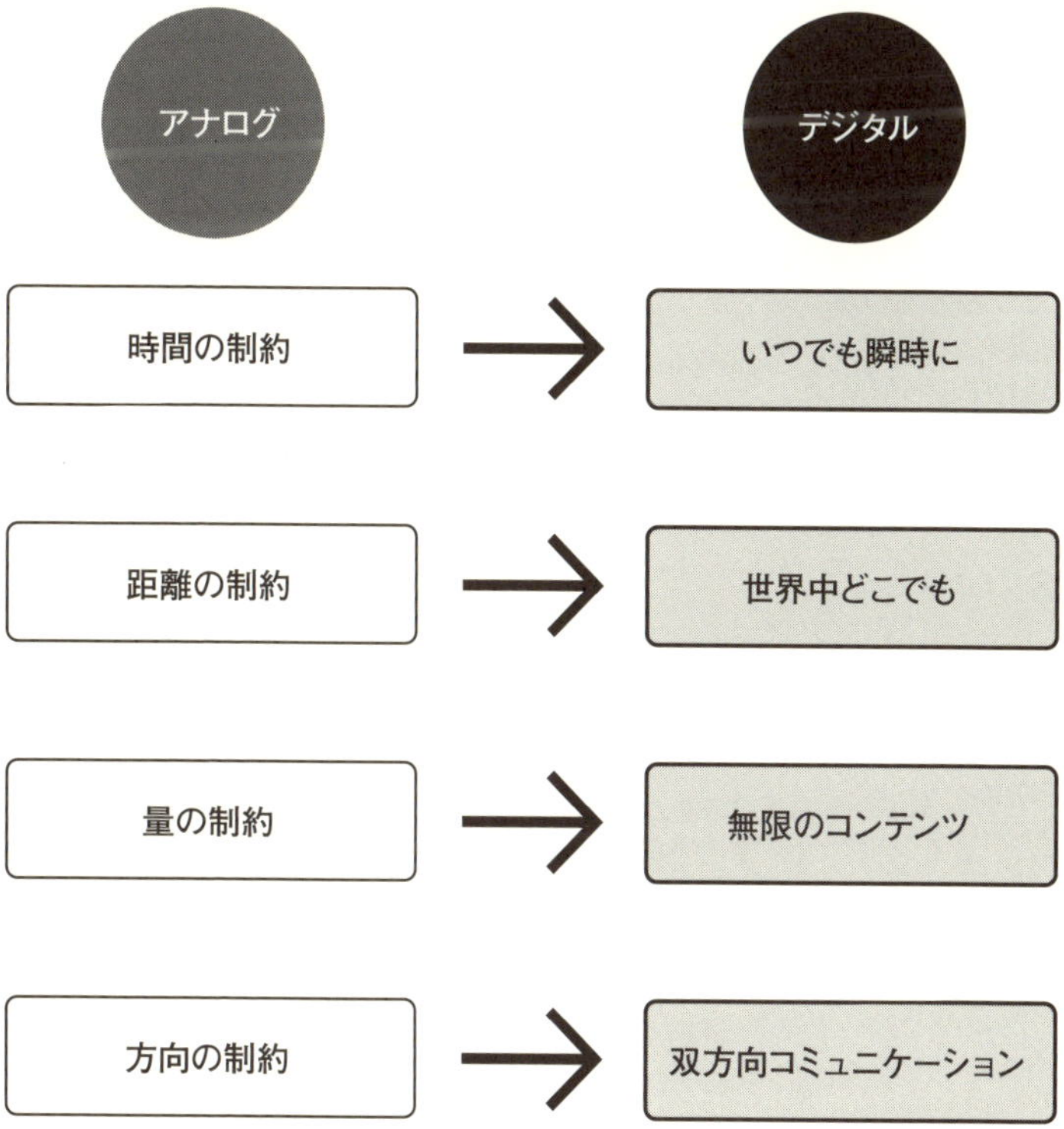

販の急速な拡大が大きく影響しているのは間違いありません。

わたしは高校時代に、トフラーの『第三の波』を読んで、コンピュータを学ぼうと進路を決めました。

トフラーが説いた第一の波は、人類が初めて農耕を始めた新石器時代の農業革命です。それまで狩猟・採集生活を営んでいた人類が農耕を開始した理由については諸説あるようですが、食料を自分たちで生産することにより、自然界に存在するだけの食料という制約から解放されていきました。

第二の波は、一八世紀半ばから一九世紀にかけて起こった一連の産業革命です。人類は蒸気機関の開発と工業化により、人力の制約から解放されました。

人類は、そこに制約があれば、その制約から解放される世界を自らつくりだし、そこへ移っていく。それが人類の歴史でした。

そして、第三の波である情報革命では、リアルの世界にある多くの制約がデジタルの世界ではとりはらわれ、人類は解放されていく。

社会のデジタルシフトは、人類の文明の進歩、進化の歴史を考えれば、それは必然的な流れと見ることができるのです。

クラウド上でビジネスアイデアを競う時代の到来

経営の視点から見ると、従来、リアル店舗を営業するには、人件費、家賃などのコストの制約から逃れられませんでした。

一方、デジタルの店舗であるEコマースは、初期投資はかかっても、ランニングコストはリアル店舗と比べものにならないくらい軽微です。

そして、その初期投資すらも、圧倒的なコストダウンを実現したのが、第1章で二つ目のショックとしてあげたクラウド化です。

クラウドとは、インターネット経由で、コンピューティング、データベース、ストレージ（データの補完・保存場所）、アプリケーションなど、さまざまなITのリソースをオンデマンドで利用することができるサービスのことです。

オンデマンドですので、必要なときに必要な量のリソースへ簡単にアクセスすることができ、利用料金は実際に使った分の支払いのみという従量課金が一般的です。

わたしがクラウド・コンピューティングと出あったのは二〇〇〇年代半ばごろで、衝撃を受けました。わたしがかつて、花形職種のSEとしてとりくんだような仕事はもはや価値を生まなくなったことを意味したからです。

わたしが富士通でSEをしていた一九八〇年代後半~九〇年代半ばのころは、クライアントにハードウェアを入れ、OS(オペレーション・システム)をインストールし、ソフトウェアを組み込んでシステムをつくりあげるのが仕事でした。

情報システムのハードウェアを使用者が自社保有物件やデータセンター等の設備内に設置・導入し、それらのリソースを自社運用する形態、最近の用語でいえば、オンプレミスが一般的だったからです。

自社運用は、ハードウェア導入にともなう多額の初期投資や、リソースの調達、メンテナンスなど、多大なコストを要しました。

一方、クラウドを活用すれば、コストも、開発期間もケタ違いに小さくなります。

昔は水を手に入れるのに、自分の庭に井戸を掘っていたのが、いまはコンピュータ・ネットワークに蛇口をつければ水が出る。

幕末のころ、ヨーロッパを旅した武士たちが蛇口から水が出るのに驚き、蛇口を買い込んで帰国したという、笑うに笑えない逸話がありますが、いまはまさに、蛇口さえあればいいのです。

自社運用のシステムで優劣を競う時代は終わり、ITリソースの構築と保守は人に任せ、これからはクラウドを活用したビジネスアイデアで勝負する時代になる。システム構築を請け負ってきた企業も、ビジネスモデルの転換を迫られる。

クラウド・コンピューティングの登場は、ITの世界がまったく新しい次元に突入したことを意味しました。

IaaSのクラウド・サービスではアマゾンが圧倒的な強み

クラウド・サービスは提供・利用形態によって、「SaaS（サース）」「PaaS（パース）」「IaaS（イアース）」の三種類に分類されます。

SaaSは「Software as a Service」の略で、これまでパッケージ製品として提供され、利用していたソフトウェアを、インターネット経由でクラウド・サービスとして利用する形態です。

たとえば、ユーザーは、データをインターネット上に保存することができる。PC、スマートフォン、タブレットなど端末を選ばずにデータにアクセスできる。複数の人間が同一のデータを共有し、編集もできる、といったサービスを利用できます。

この分野では、セールスフォース（Salesforce）やグーグル・アップス（Google Apps）が代表的です。

わたしが二〇一七年三月に起業した際、さほど初期投資も必要なく、短期間の準備で会社をスタートさせることができたのも、会計、勤怠管理、日報、契約書管理、社内ＳＮＳなどさまざまな業務でＳａａＳを利用したからです。

たとえば、会計ソフトは月額二〇〇〇円弱、勤怠管理ソフトは一人あたり三〇〇円ですみます。

つまり、クラウド・サービスによって、コストや時間の制約から解放されたのです。

もし、自社運用でシステム開発をしていたら、億単位の初期投資がかかり、月々一〇〇万円単位のメンテナンス料をシステムインテグレーター（ＳＩ）に支払うことになっていたでしょう。

ＰａａＳは「Platform as a Service」の略で、アプリケーションソフトが稼働するための環境、つまり、ハードウェアやＯＳなどのプラットフォーム一式を、インターネット上のサービスとして提供する形態です。

アプリケーションはユーザーが自由に開発、選択します。

代表的なサービスとしては、グーグル・アップ・エンジン（Google App Engine）やフォースドットコム（Force.com）などが知られています。

ＩａａＳは「Infrastructure as a Service」の略称で、情報システムの稼働に必要な仮想サーバーをはじめとした機材やネットワークなどのインフラを、インターネット上のサービスとして提供する形態のことを指します。

ソフトウェアサービスを利用するのに必要な構成要素を大きく、①サーバー（ハードウェア）やＯＳ、②ミドルウェア（データベースなど）、③アプリケーションの三段階に区分すれば、①と②と③を提供するのがＳａａＳ、①と②を提供するのがＰａａＳ、①だけを提供するのがＩａａＳです。

アマゾンのクラウド・サービスＡＷＳが三〇％以上のシェアを占めて首位を走るのは、このＩａａＳの分野です。

二〇〇六年にアマゾンが自社がもつ膨大な台数のサーバーを外部に貸し出してクラウド・サービスを開始したころは、対象は中小企業が中心でしたが、いまでは多くの大企業や官公庁が利用するようになっています。

このＩａａＳの分野では、二位がマイクロソフト・アジュール、三位がグーグル・クラウド・プラットフォーム、四位がＩＢＭクラウド（IBM Cloud）と続きます。

アマゾンをはじめ、グーグル、マイクロソフト、ＩＢＭなどと、アメリカのＩＴ企業やハイテク企業がこぞってクラウド事業に注力するのは、クラウド市場が急拡大しているからにほかなりません。

イギリスの市場調査会社カナリスによると、二〇一七年七~九月期の世界のＩａａＳのクラウド市場は一四四億ドルと前年同期比で四三％増えており、この傾向は当分続くと見られます。

クラウド事業の特徴は、利益率の高さです。初期投資は巨額ですが、人手も少なくてすみ、データセンターも電気代が安い地域に設置しているため、ランニングコストがあまりかからないからです。

たとえば、二〇一七年七~九月期のアマゾンのクラウド事業の売上高営業利益率は約二六％に上ります。マイクロソフトでも、クラウド事業を含めた部門の営業利益は全体の三割近くを占めています。


こうしてクラウドの世界がどんどん拡大するにつれ、にわかに脚光を浴びるようになってきたのが「クラウド経済圏」です。

経済活動の重心がどんどんクラウドの世界へと移っていく。クラウド経済圏の出現は、社会のデジタルシフトを端的に物語ります。

世界はなぜ、デジタルシフトをしていかざるをえないのか。ここで、社会的な背景から改めてその理由を整理してみたいと思います。

世界は「ＶＵＣＡワールド」に突入した

最近、世界の現状を示す「ＶＵＣＡ（ブーカ）ワールド」という言葉をよく見聞きするようになりました。

ＶＵＣＡとはもともとは軍事用語で、Volatility（変動性）、Uncertainty（不確実性）、Complexity（複雑性）、Ambiguity（あいまい性）の四つの単語の頭文字をとったものです。

いまの世の中は、不安定で変化が激しく（Volatility）、未来を予測することが困難であり（Uncertainty）、複雑で（Complexity）、問題も課題も明確ではない（Ambiguity）。

実際、企業を取り巻く環境は一〇年前と大きく変わってきています。

なぜ、世界はＶＵＣＡワールド化したのでしょうか。それは、社会の大きな変化とＩＴの劇的な進化が同時進行で起きていることに起因します。

まず、社会の大きな変化です。経済活動のグローバル化はさらに進むでしょうが、その一方で、保護主義も急速に台頭しています。イギリスのＥＵからの離脱や、トランプ政権誕生によるアメリカの保護主義への傾斜など、誰が予測できたでしょうか。

先進国では高齢化が避けられず、健康関連コストの上昇や労働力人口の減少が今後も進行していきます。とりわけ、日本は先進国のなかでも少子高齢化がもっともはやいペースで進み、人口減による人手不足が深刻化するでしょう。

こうした社会の変化と同時進行で起きているのが、ＩＴの劇的な進化です。

スマートフォンの普及率が急速に高まり、日本を見ても、二〇二〇年には契約数が約一億件に達し、年齢を問わず、多くの人がスマートフォンを使いこなすようになる。

その結果、アプリ、位置情報、無線通信、ソーシャルメディアなどが飛躍的に進化し、ネットとリアルが境目なく融合したライフスタイルが広がる。

社会全体には、ＡＩ／ＩｏＴの進化による本格的なデータ社会の到来により、社会の仕組みから、職業の種類、仕事の仕方、生活のあり方まで、劇的な変化が生じると予想されます。

あらゆるものがインターネットに接続され、情報交換をするＩｏＴがもたらすビッグデータを、ＡＩを活用して効果的に分析し、最適なソリューションを追求する。今後さらに技術的にも発展していくであろうクラウドが、その一連の処理を高速かつ安全に支える。

社会の大きな変化、そして、それと同時進行で進むＩＴの劇的進化がなにをもたらすかといえば、そこに次々とビジネスチャンスが生まれるということです。

典型が、日本の労働力人口の減少の問題です。

総人口は二〇一五年の約一億二七〇〇万人から五〇年後の二〇六五年には約八七〇〇万人に

図② 大きく変わる社会とITの劇的進化

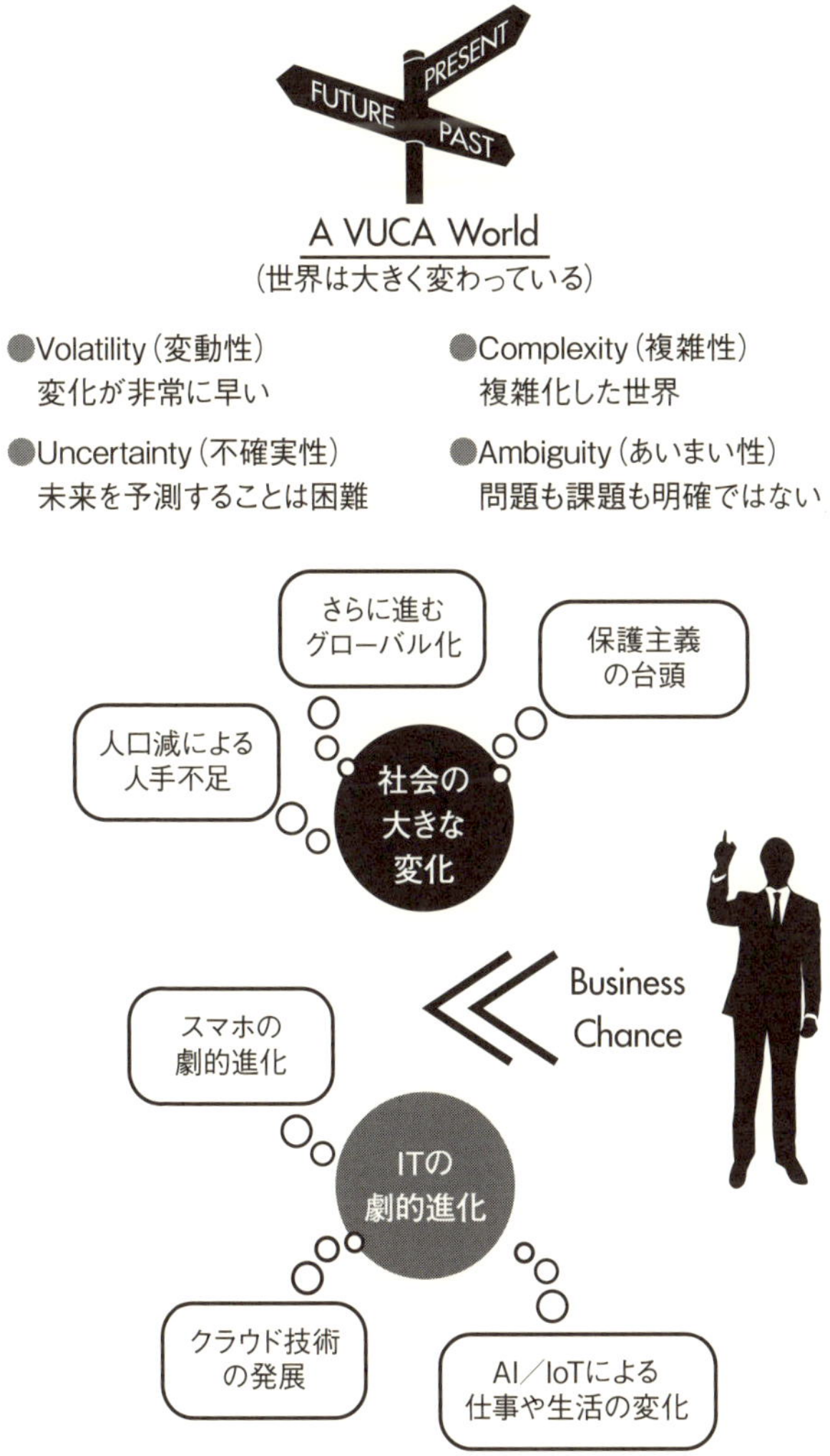

減少し、その一方で、高齢化率（人口に占める六五歳以上の人の割合）は約二七％から四〇％近くに上昇すると予想されます。

その結果、労働力人口（一五歳以上で労働する能力と意思をもつ者の数）は約六六〇〇万人から約三九〇〇万人と四割ほど減少する見通しです。

この労働力不足を補う方法としては、定年の延長、女性の社会進出のよりいっそうの促進、さらには外国人労働者の受け入れ……などが考えられます。いずれにしても従来どおりの働き方ではなく、ＩＴを活用した生産性の向上が必要になってくると考えられるのです。

ここに、ビジネスの新しい可能性が生まれます。

デジタルシフトは企業価値を高める

図③は、ＩＴの活用により、多くの社会課題が解決されていくデジタル時代の社会構造を図式化したものです。

これまでは、現実世界の課題は現実世界で解決されてきました。しかし、世界がＶＵＣＡワールド化するほど、それは困難になってきています。

そこで、現実世界の課題をサイバー空間を使って解決していく。それが、デジタル時代の新

図③ デジタル時代の社会構造

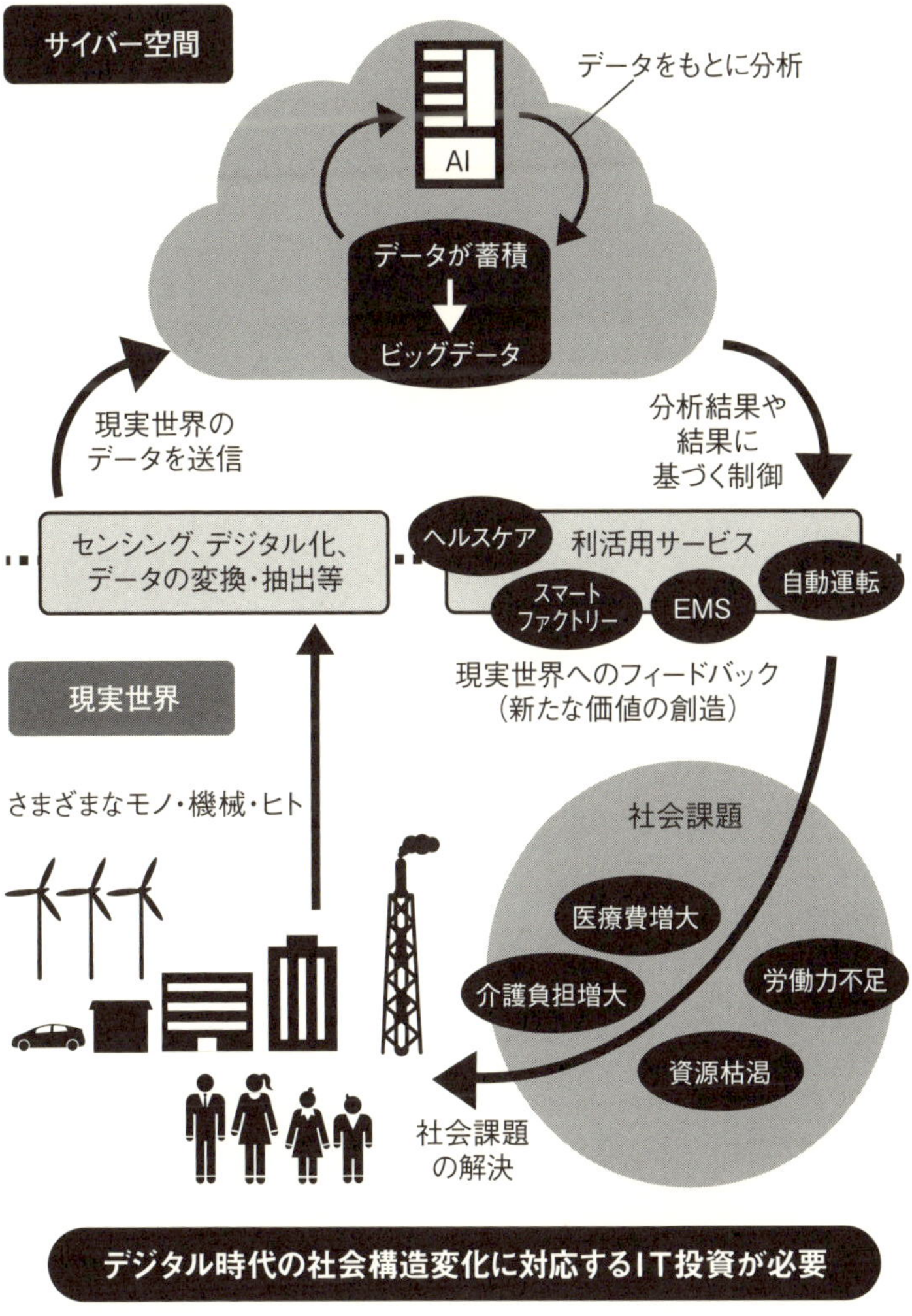

出所:総務省「IoT時代におけるICT 産業の構造分析とICT による経済成長への多面的貢献の検証に関する調査研究」(平成28年)

しい社会構造です。

まず、現実社会のモノ、ヒト、機械などから、IoTでさまざまなデータを収集し、現状の「見える化」をはかる。この各種のデータをサイバー空間へ送信し、クラウドで蓄積（ビッグデータ化）する。そして、それらの膨大なデータをAIを活用して分析を行って解を導き、現実世界にフィードバックする。

具体的には、収集した情報（データ）をもとに、新たな価値を生む知識（ナレッジ）に変え、「自動運転」「EMS（環境マネジメントシステム）」「スマートファクトリー」「ヘルスケア」などの幅広い分野で利活用し、労働力不足、資源枯渇、医療費・介護負担増大、労働力不足等々の社会課題を解決していく。

そこからまたデータを収集して、AIが学習するというサイクルが確立すれば、VUCAワールドにおいても、現実世界で起こりうる将来を予測することも可能になるでしょう。

こうしたデジタル時代の社会構造においては、企業価値を高めるための戦略も大きく変わらざるをえません。

バブル崩壊後の一九九〇年代は、投資効率の最大化が求められ、企業価値はもっぱらROE（自己資本利益率）ではかられました。

次いで二〇〇〇年代に入ると、国内市場の縮小や日本の高齢化を背景に、日本企業は商圏の拡大と新たな機会を求めて海外へと進出し、グローバル展開を進めました。

そして、IoT、AI、クラウドによってサイバー空間が急速にひらけてきたいま、ITを活用する戦略によって企業価値が左右される時代になってきたのです。

ネットファースト思考からカスタマーファースト思考へ

ここで、ITがはたした役割を時代を追ってたどり、ITをめぐる思考の変化をなぞってみましょう。

一九八〇年代のIT機器といえば、汎用コンピュータを意味しました。

それが九〇年代になると、クライアントサーバー・システム、いわゆるクラサバへと変わります。クライアントサーバー・システムとは、コンピュータをサーバーとクライアントにわけ、役割を分担して運用する仕組みです。

典型的なシステムとしては、全員が共有しておきたいデータをサーバーに保存しておき、これにそれぞれのユーザーが使うクライアントの端末を複数接続し、サーバーとの間でデータの要求・提供を行うという仕組みです。

この時代のITの役割は、業務の効率化にありました。

アナログで行ってきた仕事の伝統そのものは崩さず、効率化をはかる。アナログの業務のレガシー（旧来の遺産、遺物）はそのまま引き継ぐという意味で、「レガシーファースト思考」の時代でした。

わたしが富士通でSEをやっていたころは、まさにレガシーファースト思考の時代でした。二〇世紀的なコンピュータの使い方といってもいいでしょう。

次いで、二〇〇〇年代に入ると、本格的なインターネットの時代が到来し、ノートパソコンなどを使って出先や移動中など、どこでもコンピュータを利用するモバイル・コンピューティングも登場します。

かつては情報をもつものともたないものの間に格差がありましたが、インターネットとつながることで、誰もが世界中の情報を手軽に入手できるようになった。その結果、ネットのなかから新しいブームやニーズが生まれるなど、多くのものごとがネットと結びつくようになりました。

続いて、二〇一〇年代には、ネットを利活用するEコマースやSNS（ソーシャル・ネットワーキング・サービス）の利用者が急速に拡大していきます。

ネットにアクセスする手段としてパソコンからスマートフォンへと主役が交代したのも、クラウドの技術が飛躍的に進歩したのも二〇一〇年代です。その結果、ネット企業の株価はどん

図④ ITの役割と思考の変化

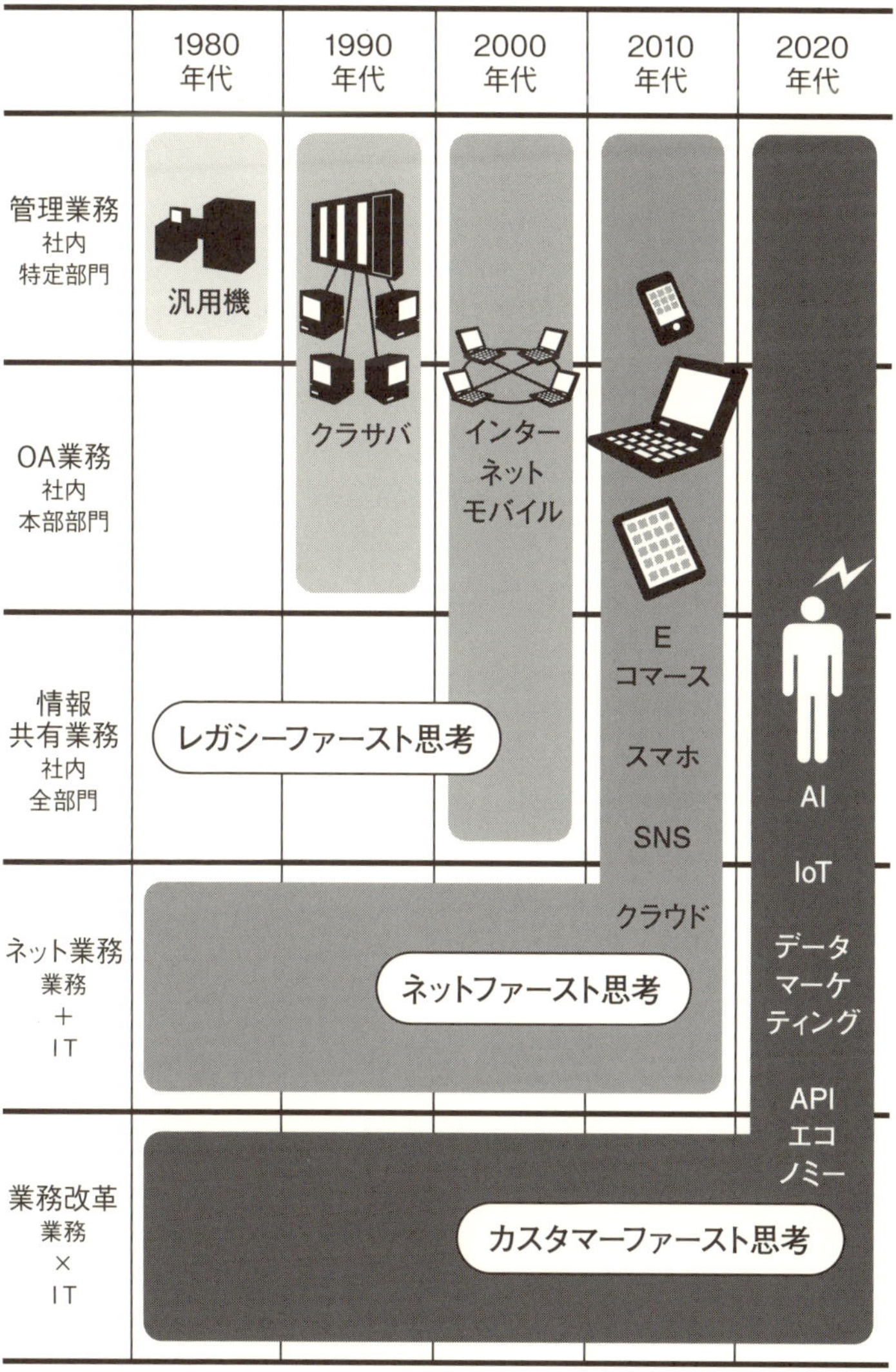
1980
年代
1990
年代
2000
年代
2010
年代
2020
年代
管理業務
社内
特定部門
OA業務
社内
本部部門
情報
共有業務
社内
全部門
ネット業務
業務
＋
IT
業務改革
業務
×
IT
汎用機
クラサバ
インター
ネット
モバイル
E
コマース
スマホ
SNS
クラウド
AI
IoT
データ
マーケ
ティング
API
エコ
ノミー
レガシーファースト思考
ネットファースト思考
カスタマーファースト思考

どん上がっていきました。

インターネットというインフラを中心に置き、そこでユーザーの利便性や満足度を高めるサービスを提供するという意味で、「ネットファースト思考」の時代でした。

わたしもこの時代にソフトバンクグループでEコマース事業を推進し、会社設立五年で売上高一〇〇億円の規模まで拡大することができたのもネットファーストの波に乗ったからでした。

そして、二〇二〇年代を迎えようとしているいま、ITの位置づけが「カスタマーファースト思考」へと大きく変わろうとしています。

まず、顧客を中心に置き、ネットも、リアルも、すべてのインフラを駆使して、顧客に価値を提供し、最高のカスタマー・エクスペリエンスを実現する。

ネットファースト思考からカスタマーファースト思考へと、大きく踏みだす。

その先頭を突き進むのが、アマゾンです。そして、わたしがセブン&アイグループでオムニチャネル戦略を推進しようとしたのも、ネットファーストからカスタマーファーストへと移行するためでした。

カスタマーファーストのＦｉｎＴｅｃｈ

このカスタマーファースト思考の先駆的なとりくみは、金融業界でも始まっています。ＩＴ技術を使った新たな金融サービス「ＦｉｎＴｅｃｈ（フィンテック）」です。オープンＡＰＩ（アプリケーション・プログラミング・インターフェース）の導入により、日本の金融業界はいま、大きく変わろうとしています。

ＡＰＩとは、ＯＳやアプリケーションソフト、あるいは、ウェブサービスが、自らの機能の一部について、外部から簡単に利用できるようにするインターフェース（機能の呼び出し手順など）のことです。

このＡＰＩを公開することを、オープンＡＰＩといいます。

ＡＰＩが登場するまでは、そのＯＳの機能を利用するためには、その都度、プログラムを開発する必要がありました。しかし、ＡＰＩが提供されていれば、このインターフェースで呼び出しさえすれば、ＯＳの機能を利用できます。

このオープンＡＰＩが、金融サービスをどう変えつつあるのか。

たとえば、スマートフォンで利用できる家計簿アプリです。自分が銀行にもっている複数の口座残高を一括で管理できます。これは、各銀行が口座照会機能のＡＰＩをネットサービス企業に提供しているからです。

これまでも、銀行は顧客に対し、インターネットバンキングのサービスを提供していました。それは従来、リアル店舗で行っていた業務やサービスをネットでも利用できるようにしたもので、ネットファースト思考の領域にとどまっていました。

しかし、複数の銀行に口座をもっているユーザーは、それぞれの銀行のインターネットバンキングのサイトにログインしなければなりませんでした。

これに対し、顧客を中心に置いて考えるならば、複数の口座残高を一括管理ができるようにしなければならない。そこで、各銀行ともオープンＡＰＩの提供に踏み切った。これがカスタマーファースト思考です。

二〇一七年五月、金融庁が推進した改正銀行法が成立し、銀行や信用金庫、信用組合などの国内金融機関はオープンＡＰＩ提供の努力義務を負うことが決まりました。

それまでも、メガバンクや地方銀行でオープンＡＰＩ導入の動きは始まっていましたが、一部にとどまっていたことから、普及・拡大を一気に進めようとしたわけです。

銀行がオープンＡＰＩで提供できる機能は、口座残高照会のほか、取引明細照会、振込・振替、さらには融資など、さまざまあります。このオープンAPIが広く普及すれば、ベンチャーやスタートアップのインターネット企業がそれらの機能を自社のオンラインサービスやアプリに簡単に組み込めるようになります。

たとえば、わたしのソフトバンク時代の上司であった北尾吉孝さんが社長を務めるSBIホールディングスと三井住友信託銀行が共同で出資して設立した住信SBIネット銀行は、国内で初めてAPIを公開するなど、デジタルシフトに積極的にとりくんでいる銀行です。

自動貯金サービスのアプリ「finbee」は住信SBIネット銀行と連携し、顧客が設定したルールにしたがって、自分の口座から貯金専用口座への振替を実行できるサービスを開始しました。

そのルールは、「一万歩歩いた日は○○円を貯金する」、デビッドカードでの一回の買い物の金額を設定して「お釣りが出たらその額を貯金する」、GPS（全地球測位システム）機能と連動させ、「登録した場所に近づいたら貯金する」といった具合です。

このアプリはリアルの世界での日々の行動とネットバンキングでの貯金を結びつけることで、貯金に対する心理的なハードルを下げることをねらったものでしょう。ユーザーに起点を置いたカスタマーファースト思考のサービスです。

また、住信SBIネット銀行は、ほかにもマネーフォワード、freeeなど何社かのスタートアップ企業にAPIを提供しています。各社のサービスの先には、それを利用するユーザーが存在します。銀行側としても、そのユーザーをとりこむことで自社の〝ＡＰＩ経済圏〟をつくりだすことができるのです。

人が処理できる情報量はいまも変わらない

その昔、茶の間にテレビがあって、そこに家族が集まっていた一九八〇年のころまでは、人々は多くの情報をテレビから得ていました。

テレビで新しい商品が紹介されれば、「これがほしい」と欲求を膨らませました。歌の流行も、ＴＢＳ系列の人気音楽番組『ザ・ベストテン』が最新の情報源でした。最高視聴率は四一・九％と日本の家庭の四割以上で観られていたことになります。

わたしも『ザ・ベストテン』から毎週、音楽の情報を得ていました。

しかし、今世紀に入って、既存のテレビ、新聞、雑誌、ラジオなどのマスメディアに加え、インターネットが急速に普及し、回線の速度も飛躍的に高まり、世の中に流れる情報量が幾何級数的に増大していきました。

いまでは三歳になるわたしの子どももアニメの『きかんしゃトーマス』はテレビではなく、

ＹｏｕＴｕｂｅで観賞し、そこからマウスでいろいろなビデオを渡り歩いて、たまたま新しいおもちゃを見つけたりすると、「これがほしい」といいだします。

ただ、一つ確実にいえるのは、世の中に流れる情報量は爆発的に増えても、人が処理できる情報量は昔もいまも変わらないということです。

図⑤が示すように、二〇〇〇年ごろまでは、社会の情報量と人間の処理できる情報量がほぼ同じレベルでしたので、人々は流れる情報をそのまま受けとめ、処理していました。

それが、今世紀になって、社会の情報量と処理できる情報量にギャップが生じてからは、ユーザーが自分の価値観やライフスタイルに合った情報だけを取捨選択するようになりました。

そこで、世の中に流れる情報のなかから、一定のコンセプトによって情報を絞り込み、編集して提供するキュレーション・サイトが登場するようになります。情報が多すぎて、選ぶ時間的余裕もないユーザーにかわって情報を選択する。

ただ、キュレーション・サイトもネットファースト思考の域にとどまっていました。

ここからさらに進化し、十人十色、百人百様のパーソナルな価値観やライフスタイルに合わせ、なおかつ、人の情報処理能力に合わせて、情報を提供しようとしているのがアマゾンのリコメンデーションです。

図⑤ お客様環境の変化

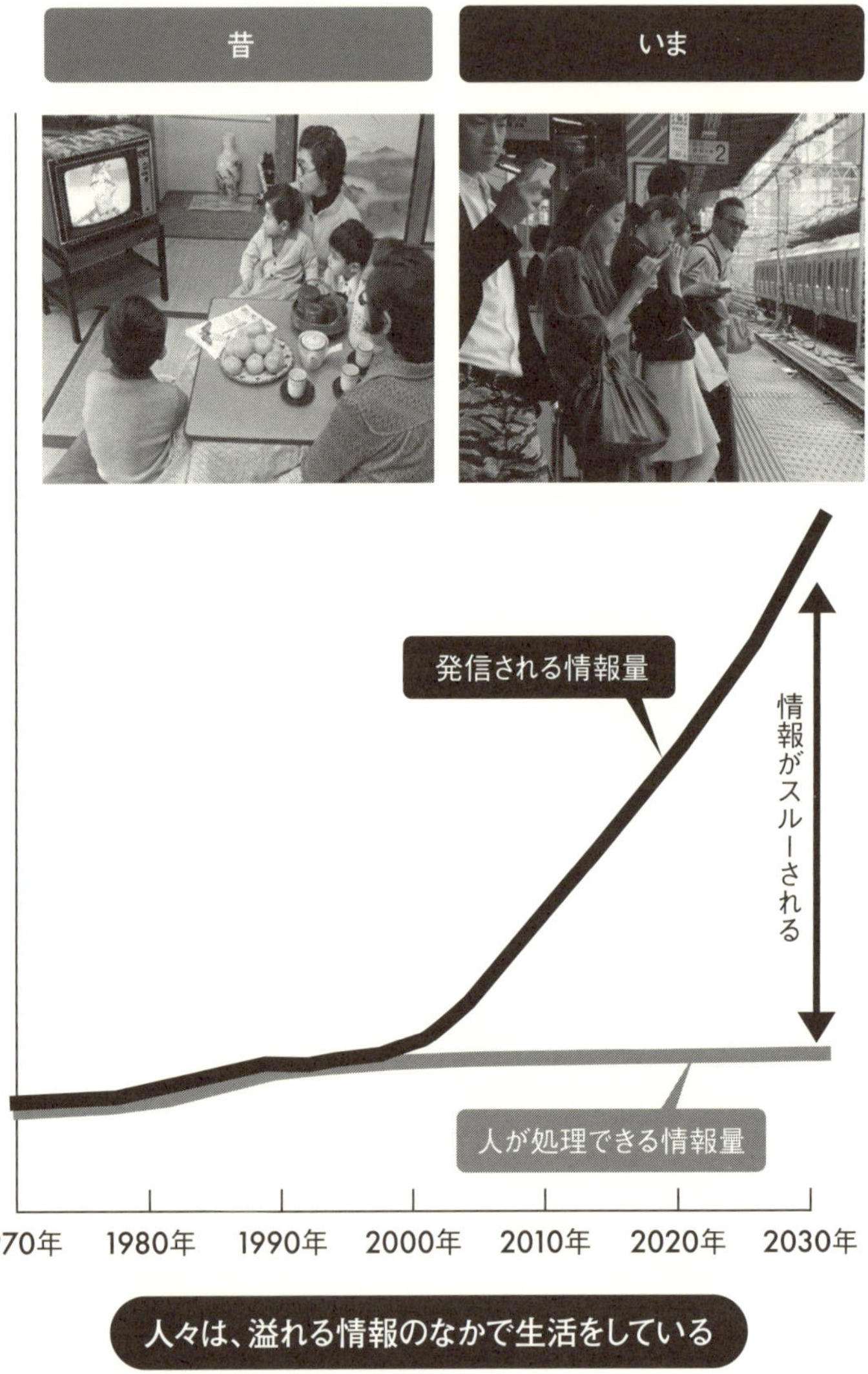
昔
いま
発信される情報量
情報がスルーされる
人が処理できる情報量
1970年
1980年
1990年
2000年
2010年
2020年
2030年
人々は、溢れる情報のなかで生活をしている

消費行動は「AIDMA」から「AISAS」へ

こうして、ユーザーの情報に対するかかわり方が変化するにつれ、ユーザーの消費行動のパターンも大きく変化してきました。

インターネットが普及する前の消費行動は「AIDMA（アイドマ）の法則」で説明されていました。

AIDMAとは、消費者がある商品を知って購入にいたるまでの行動を示した言葉の頭文字をとったものです。

まず、さまざまなメディアをとおしてその商品の存在を知る（認知＝Attention）。

興味や関心を抱く（興味＝Interest）。

その商品をほしいと思うようになる（欲求＝Desire）。

商品名やブランド名を記憶する（記憶＝Memory）。

購買行動にいたる（行動＝Action）——というプロセスをたどる消費行動モデルです。

これに対し、インターネットが普及して以降は、「AISAS（アイサス）」に変わってきたといわれます。

ＡＩＳＡＳとは、
まず、その商品の存在を知る（認知＝Attention）。
興味や関心を抱く（興味＝Interest）――ここまで同じです。
次に、ネットで検索して商品についての情報を集めて比較する（検索＝Search）。
購買行動に移る（行動＝Action）。
ソーシャルメディアなどで感想や評価を共有する（共有＝Share）――という消費行動のモデルです。

かつてのＡＩＤＭＡは、企業側が情報を発信し、消費者がそれを受けるという〝一方通行（ワンウェイ）〟のモデルでした。

一方、ＡＩＳＡＳは電通が二〇〇四年にインターネット時代の本格的な到来に向けて提唱したモデルで、検索（Search）と共有（Share）という、消費者からの能動的な行動を加え、企業と消費者が相互にかかわり合う〝相互作用（インタラクティブ）〟な関係へと進化させています。

さらに注目すべきは、消費者の購買行動（Action）で終わらずに、その経験を共有（Share）し合うところまで、消費行動モデルにとり入れていることです。

その後、社会は人間の情報処理能力をはるかに超える情報過剰時代へと突き進みます。

その一方で、消費者はさまざまな種類のネットワークと接点をもつようになりました。その

図⑥ 消費行動の変化

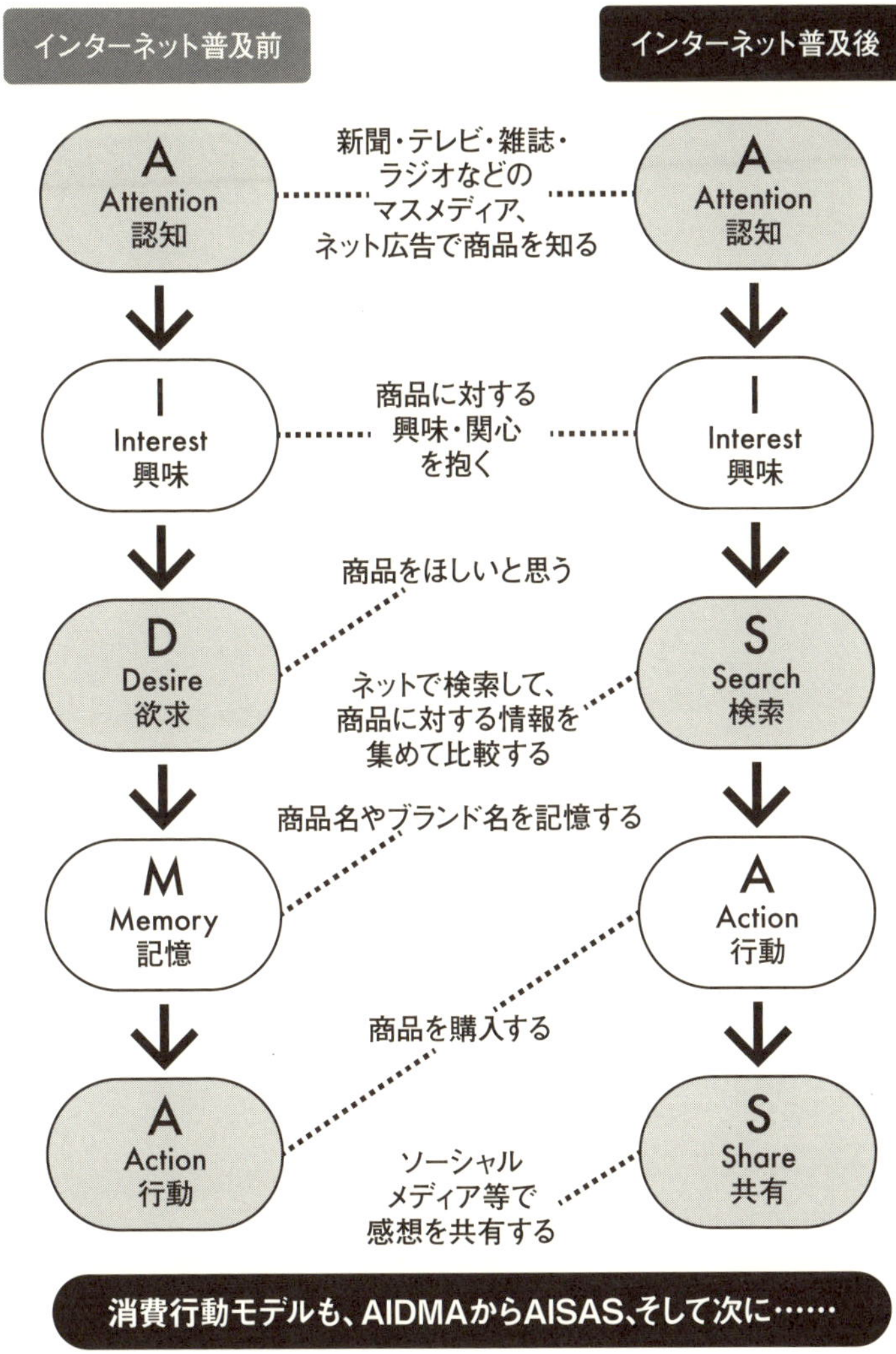

〈AIDMAは米国のサミュエル・ローランド・ホール氏が提唱。AISASは(株)電通の登録商標〉

結果、企業同士で消費者の「A（Attention＝認知）」をめぐる奪い合いが激しくなり、どのような働きかけをしても機能不全を起こすようになりました。

そこで、それまでのAISASにかわる新しい消費行動モデルとして、電通から提起されたのが、「DualAISAS」でした。

DualAISASは、これまでのAISASを「買う」という行動にいたる購買モデルとして縦に配置し、A（Attention）のまわりに「広める」という情報拡散モデルの「ISAS（イサス）」を加えたものです（図⑦）。

ISASとは、興味、関心、共感（Interest）、SNSによるシェア（Share）、受容、共鳴（Accept）、拡散、展開、流布（Spread）をあらわします。

ネットワーク時代に入って以降、人々はネットワーク上を流れる情報に強い興味（Interest）をもつと、その情報に自分の感想や評価などを加えて、SNSなどをつうじてシェア（Share）するという行為をごく自然にとるようになってきました。

この発信者とネットワークでつながっている受信者は、もともとの情報を受けとるだけでなく、発信者の感想や評価も受容、共鳴（Accept）するようになります。すると、今度は受信者が新たな発信者となり、口コミで周囲へと情報を拡散（Spread）するようになる。

たとえば、二〇一六年、お笑いタレント、古坂大魔王が扮したピコ太郎が『ペンパイナッポー

図⑦ 新しい消費行動（例：Dual AISAS）

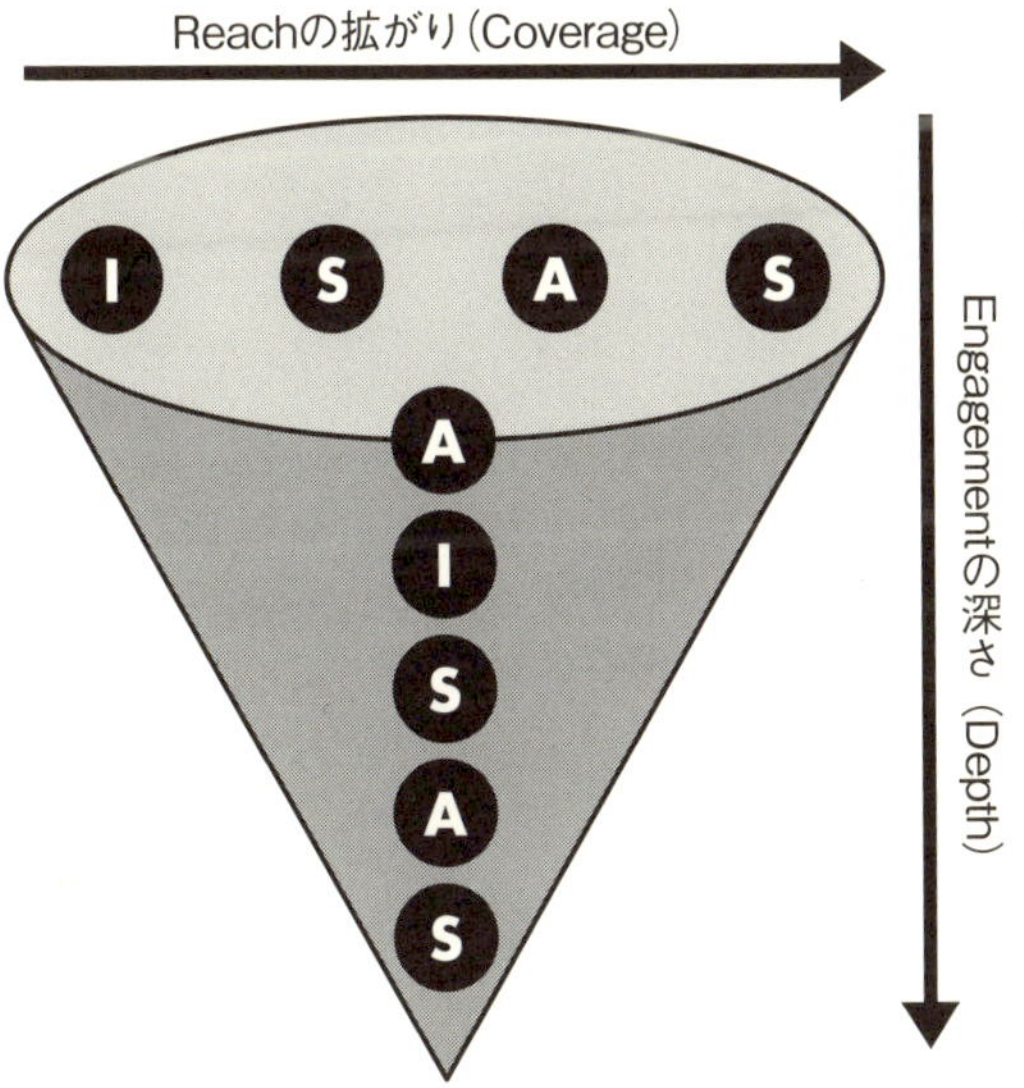

Dual AISASとは、縦に従来のAISASを配置し、
横にISASを配置したモデル。

従来のAISASは「A（Attention=認知）」が情報過剰により
機能不全を起こしてきている。
それを補う役割としてISASを横に配置。

ISASとは
「I」はInterestで、興味、関心、共感
「S」はShareで、SNSによるシェア
「A」はAcceptで、受容、共鳴
「S」はSpreadで、拡散、展開、流布
をあらわしている。

新しい消費行動は、企業ー消費者間に第三者が影響を与える

（株）電通デジタル 客員エグゼクティブコンサルタント　有園雄一氏　提唱

アッポーペン』（ＰＰＡＰ）を歌う動画がインターネットに流れ、動画再生回数が一億回を超えて、大ブームになりました。

ＰＰＡＰの動画は、カナダの人気ポップミュージシャン、ジャスティン・ビーバーが「おもしろい」と評価したことから、情報が拡散していきました。これは、ＩＳＡＳのモデルの典型です。

情報過剰で自分だけでは商品に対するＡ（認知）がなかなかできなくなっているなかで、プライベートなネットワーク上で第三者が「いいよ」といっていると、その情報がマスメディアの情報をしのぐほどの無視できない情報としての価値をもって、「買ってみようか」と思うようになる。

特にネット・インフルエンサーと呼ばれる人気ブロガーは、ＩＳＡＳで大きな影響力を発揮します。

つまり、デジタル時代の新しい消費行動は、ネットワーク上の第三者の評価に強く影響されるようになっているのです。

小売業も「守りの商売」から「攻めの商売」へ

では、顧客の消費行動モデルがこのように変化していくなかで、売り手はどのように発想を転換していけばいいのでしょう。

小売業を例に考えてみましょう。小売業もこれまでは「守りの商売」を続けていました。商品を仕入れるのは、バイヤーです。バイヤーは固定の情報源であるメーカーや卸問屋が情報をもってくるのを待っていて、その情報のなかから目利きをするのが仕事でした。商品を販売する店舗も、客がやってくるのを待っていて、来店客をしっかり見て、対応すればよかった。あとはクレームに的確に対処する。それが店舗の仕事でした。

これを「攻めの商売」へと転換していく。

バイヤーも情報を待っているのではなく、自分で情報をとりに行く。その際、情報源を開拓することも必要です。

そして、収集した情報をもとに、ＩＳＡＳで情報が拡散されていくような商品を自ら企画立案していく。つまり、既存のバイヤー的発想から編集者的発想へと意識を切り替えなければなりません。

店舗でも、来店客だけを見るのではなく、マーケット全体を見て、自ら飛び込んで、ＩＳＡＳで口コミが広がっていくような企画を仕かける。その際、自社のバイヤーや取引先を巻き込むことも必要になるでしょう。

つまり、店舗発想から営業発想への転換です。

たとえば、わたしの古巣のセブン&アイグループのイトーヨーカ堂では、画一的なチェーンストア経営から脱却し、各店舗が「個店主義」を追求し、店長を中心に自由な発想で営業する「独立運営店舗」のとりくみが進められました。

その成功例の一つに、北海道のイトーヨーカドー釧路店があります。釧路店は競合店が多く、競争が厳しいうえ、商圏での人口減少も加わり、地元で閉店も噂されるほど、業績不振が長年続いていました。

新たに赴任した店長は、まず地元の人々の話に耳を傾けました。そして、北海道の食材の豊富さや奥深さを知るうちに、地域の人々が支持し、求める商品を導入すれば、競合店との差別化につながると確信するようになりました。

それまでは、商品本部の主導による一括仕入れ体制であったため、近場に安くておいしい多彩な生鮮品がありながら、遠方から食材を仕入れなければならなかったのです。

店長は従来の体制から、地元商品の導入へと転換していきました。

図⑧ 小売業の発想転換の必要性

昔（守りの商売）
いま（攻めの商売）
バイヤー発想
●情報を待っている
●固定の情報源
●目利きで選択
編集発想
●情報をとりに行く
●情報源の開拓
●自ら企画立案
店舗発想
●来店客を見る
●待ち姿勢
●クレーム対処
営業発想
●マーケットを見る
●自ら飛び込む
●周りを巻き込む
小売業も守りの商売から、攻めの商売へと変わる必要がある

地元に詳しいパート社員たちから、それぞれのジャンルで地域の人々に愛されているブランドや商品をあげてもらい、そのなかから試食を重ねて選び抜き、新規に品揃えをした商品は、精肉加工品、豆腐、乳製品、スイーツ、パンなど五〇〇種類以上にもなりました。

また、釧路市と地域活性化連携協定を締結。地元に根づいた流通業として、地域活性化のため、さまざまなイベントを企画し、地元メディアへの露出にも注力しました。

こうして地域の一員であることを発信し続けたことで、「イトーヨーカドーは釧路を応援している」という認知が口コミで地元に広まり、若い世代やファミリー層が増加するなど客層も拡大しました。まさにＤｕａｌ ＡＩＳＡＳです。

その結果、売上高の伸び率が全店で一位にランクされるにいたるのです。

さらに注目すべきは、イトーヨーカ堂が行っているネットスーパーの仕組みを利用して、地場産品を全国二〇〇万人の会員に販売し、ＰＲしていくため、「ネットスーパーご当地便」というサービスも開始したことです。

リアル店舗では地域に密着した流通業としてのあり方を進化させ、ネットでは北海道の特産品が全国どこでも入手できるようにする。グループが推進したオムニチャネル戦略の一端にもなったのです。

釧路店のとりくみは、デジタルシフトによる「守りの商売」から「攻めの商売」への転換を実現したのです。

「棚発想」から「事典発想」への転換

「オムニチャネルは流通のあり方の最終形である」とは、セブン&アイグループの鈴木元会長の言葉です。

流通業にかぎらず、商品・サービスの販売、提供が行われる多くの業態では、最終的にはネットとリアル、Eコマースとリアル店舗がシームレスに融合されるオムニチャネルの形態に行き着くことになるでしょう。

そのとき、品揃えについては、「棚発想」から「事典発想」へ転換が必要になります。

これまで、リアル店舗では、まず売り場に商品分類ごとの棚があり、そこにメーカーや卸問屋などが提供する商品情報のなかから、自分の経験をもとに目利きをして選んで、棚の空間を埋める棚発想で品揃えが行われてきました。

たとえば、スーパーの食塩売り場で一つのゴンドラ（陳列棚）に二〇アイテムしか置けないとすると、取引先がもってきた商品のなかから二〇アイテムを選んで陳列する。つまり、売り場面積にしばられ、取引先に依存した自分の経験ベースの品揃えが一般的でした。

これがオムニチャネルになると、まったく発想が変わってきます。

図⑨ 品揃えの発想転換

昔	いま
リアル＝棚発想	ネット＝事典発想

事典編集○、雑誌編集×

棚発想は
取引先依存の
経験発想

事典発想は
全体を俯瞰する
発想

品揃えにおいても、マーケット全体をみる発想転換が必要

図⑩ お客様の選択の幅を広げる品揃え

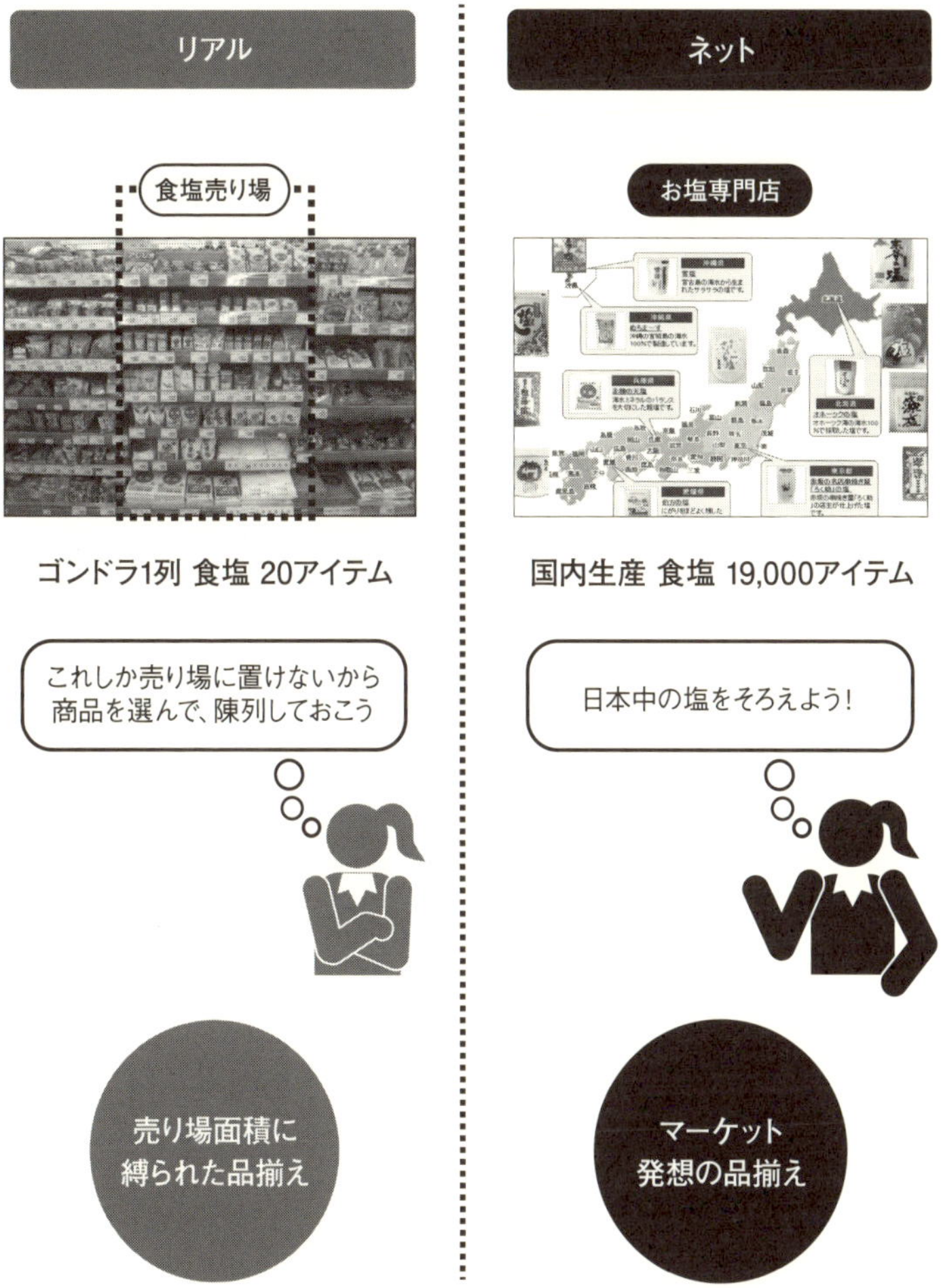

まず、ネット上では空間の制約がないので、品揃えの量の制限から解放されます。そこで、マーケット全体を俯瞰して、商品カテゴリーを階層的に分類し、索引のように商品を並べていく。それは、まさに百科事典を編集するような発想です。

食塩もいま、日本では一万九〇〇〇種類の商品が流通しているようで、そのなかから人気のある商品を選んで品揃えをし、在庫も物流センターに確保しておく。取引先がもってくる商品情報のなかから目利きをするより、はるかに顧客満足度の高い品揃えになるはずです。

そして、リアル店舗では、ネット販売でのデータをもとに商圏の特徴に合う商品をさらに選び、品揃えをしていけばいいわけです。

それをすでに実践していたのが、わたしがニューヨークで訪れ、感動したアマゾン・ブックスの店舗だったのです。

「受け身の商品開発」から「顧客を巻き込んだ商品開発」へ

商品開発のあり方も、発想の転換が求められるようになります。

商品の仕入れと同様、従来はメーカーや問屋からの提案を待つという受け身の姿勢でした。ＡＢＣＤＥの提案があれば、そのなかからいくつかを選択するのがバイヤーの仕事であり、特権とされてきました。

ただ、セブン－イレブンでは、チームＭＤ（マーチャンダイジング＝商品政策）といって、メーカーなどと一体となって商品の共同開発を行う仕組みがありました。素材の選出からその供給ルート、商品の開発、生産ラインの計画・確保まで、それぞれが強みを発揮することで魅力的な商品を生み出すというやり方です。

これをグループ全体のとりくみに拡大し、数々のヒット商品を生み出したのがセブンプレミアムというＰＢ商品の開発です。

消費行動モデルがＡＩＤＭＡやＡＩＳＡＳの時代には、これでも十分でしたが、ＤｕａｌＡＩＳＡＳへと移行すると、ネット・インフルエンサーなども巻き込んだ商品開発が求められるようになってきます。

わたしがセブン＆アイグループにいたころ、わたしの会社（セブンアンドワイからその後、セブンネットショッピングに社名変更）はシステム関係だけでなく、グループ横断の共同販促活動を手がけるインハウスエイジェンシー（自社内マーケティング企画実行部門）的な役割もはたしていました。

その一環として、国民的アイドルＳＭＡＰが登場する各種の企画も、わたしが発案して自ら相手方プロダクションにアプローチし、チームＭＤ方式で行われました。

なかでも記憶に残っているのが、ＳＭＡＰの人気番組『ＳＭＡＰ×ＳＭＡＰ』の名物コーナー

「ビストロスマップ」と、セブン－イレブン、イトーヨーカドー、西武（池袋本店）がタイアップした企画です。

ＳＭＡＰの各メンバーと共同開発したビストロスマップメニューを商品化する企画では、「ビストロの料理を食べてみたい」という番組視聴者の夢を実現して大好評を博し、毎年恒例のフェアとなりました。

これは異業種分野のＳＭＡＰを共同開発者としてとりこむと同時に、ＳＭＡＰ自身がインフルエンサーとなったことで、Ｄｕａｌ ＡＩＳＡＳ型の消費行動モデルを喚起した例といえるでしょう。

さらに、ネットとリアルを融合したオムニチャネルになると、顧客を巻き込んだ商品開発も行われるようになります。たとえば、ネット通販のサイトには、商品を購入した顧客から多くのレビューが投稿されます。

そこに書き込まれた不満、注文、要望などの顧客データは、次の商品開発に活かすことのできる情報の宝庫です。

また、ユーザーからネット上で発信された情報をもとにして生まれた斬新な新商品をリアル店舗で売り出すことも考えられるでしょう。

こうして、顧客、売り手である流通業、メーカーや生産者、さまざまなコンテンツプロバイダー、メディア関連の事業者……等々、さまざまな当事者を結びつけるインフラになるのはリアル側ではなく、間違いなくネット側になります。だからこそ、ネットを制したものがリアルの流通をも制することになるのです。

オムニチャネルはデジタル時代の「商品台帳」

オムニチャネルとは、究極的にはあらゆる当事者に共有される「クラウド化された商品台帳」になるとわたしは考えています。

これはどういうことか。アップルが生み出したクラウドを考えると、わかりやすいでしょう。

携帯型音楽プレーヤーの世界では、以前は各メーカーとも、音質、小型化・軽量化など、機器の機能・性能の戦いを繰り広げていました。そこに、アップルのｉＰｏｄ、続いてｉＰｈｏｎｅが登場し、まったく新しい音楽鑑賞の世界を生み出していきました。

本体のハードと、音楽管理ソフト、音楽配信サービスがトータルで合わさって、どのレコード会社のミュージシャンの曲もネットからいつでもデジタル情報のまままとりこんで楽しむことができるという新しいサービスを生み出し、ユーザーの圧倒的な支持を得ました。

現在、アップルのクラウドでは、音楽・映像など二五〇億本以上のコンテンツ、一〇〇万以上のアプリが登録され、iPhone、iPad、MacBook、iMacといった端末から利用できます。

今後も音楽・映像メーカーはコンテンツを、アプリ開発ベンダーはアプリをアップルのクラウドに登録し続けることでしょう。


わたしがセブン&アイグループで実現しようとしたオムニチャネルは、このアップルのクラウドと同じような構図でした。

すなわち、グループのオムニチャネルのサイト、omni7がアップルのクラウドに相当し、グループのセブン－イレブン、イトーヨーカ堂、そごう・西武、各種専門店、そして、ネット通販を利用するユーザーの端末が、アップルのiPhone、iPad、MacBook、iMacに相当するという構図です。

それまで、グループの各事業会社が行っていたネット事業は、サーバーやネットワーク機器、ソフトウェアなどの情報システムをそれぞれの会社が独自に管理する設備内に導入、設置して運用するオンプレミス（自社運用型）の形態をとっていました。

これをオムニチャネル・プロジェクトでは、インターネット上の外部リソースであるクラウド・コンピューティングを活用することによりクラウド化しました。

つまり、omni7は各事業会社の行っていたネット事業をグループ内でクラウド化したも

図⑪ デジタルシフトへの取り組み事例（アップル）

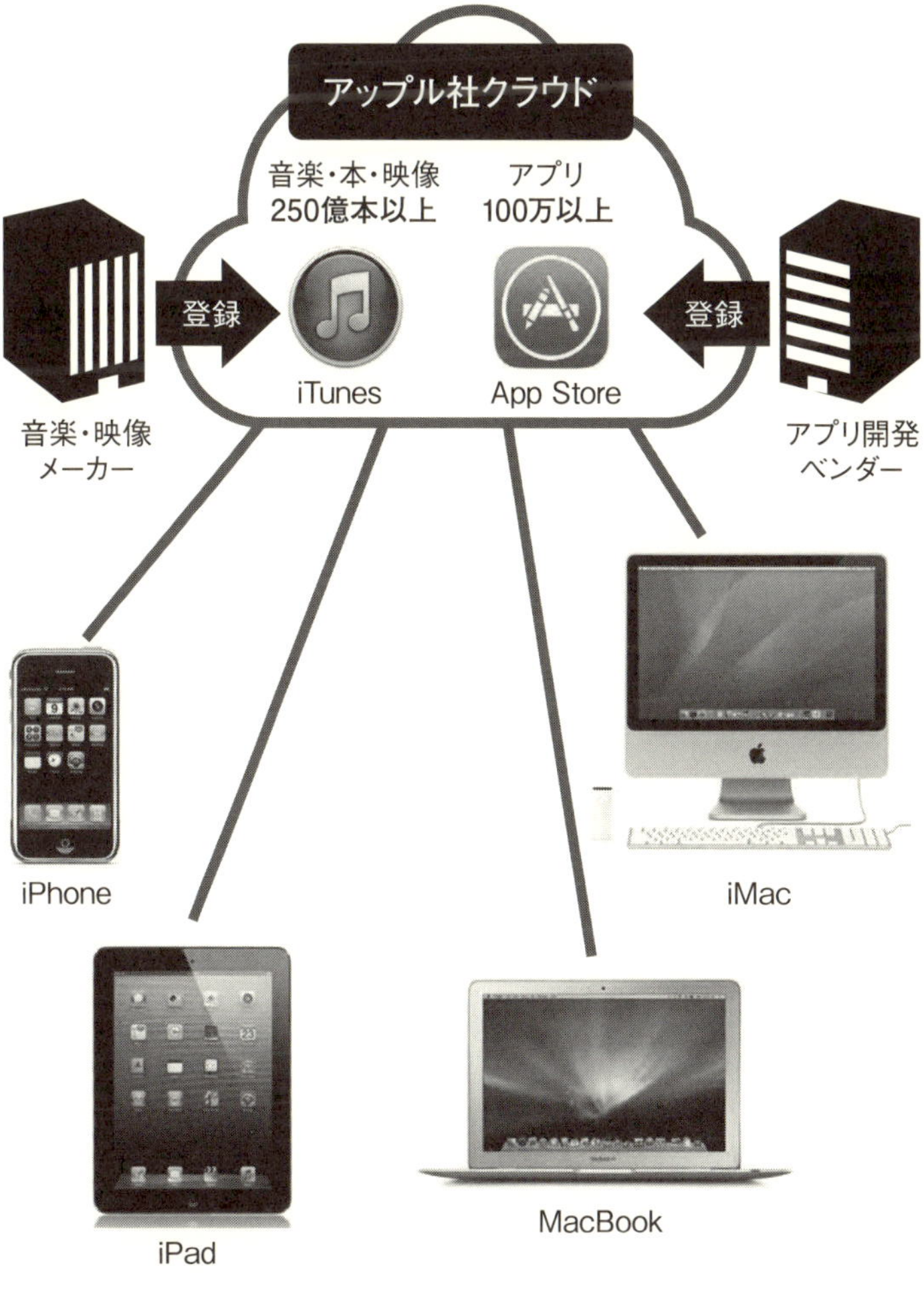

顧客の情報を集めることにより、無限のビジネス展開が可能に

のであり、グループのオムニチャネルのシステムをグループ・クラウド上につくることで、各事業会社がそこへ参加するかたちが可能になったのです（各グループ企業の会計、財務、人事などの管理業務システムについてはパブリック・クラウドを活用し、コストと時間の大幅削減をはかります）。

こうして、グループのシステム統合をクラウド上で推進していくことで、将来的に目指したのは、「商品台帳のクラウド化」でした。

つまり、リアル店舗の売り場面積という制約にしばられず、全国、さらには全世界から集めた商品や、チームMDで独自開発した商品すべての台帳がネット上にあるという構図です。アップルのクラウド上に音楽やアプリが登録されていくように、グループのバイヤーだけでなく、商品のメーカーも、コンテンツプロバイダーもこの台帳に商品登録が可能です。ネットスーパーご当地便を始めたイトーヨーカドー釧路店のように、それぞれの店舗が地域の特産品を登録することもできます。

ネット通販を利用する顧客は端末から商品を注文し、宅配もしくは全国約二万店のセブン−イレブンの店舗で受けとる。

ネット上だけでなく、商品の実物を見て、触って確認してから購入したいという顧客は、その商品がどの店舗で扱っているかを調べて出かけるというウェブルーミングも容易にできます。

アップルのクラウドから各端末で聴きたい音楽をダウンロードするように、グループ企業の

図⑫ 小売業のデジタルシフト（オムニチャネル）

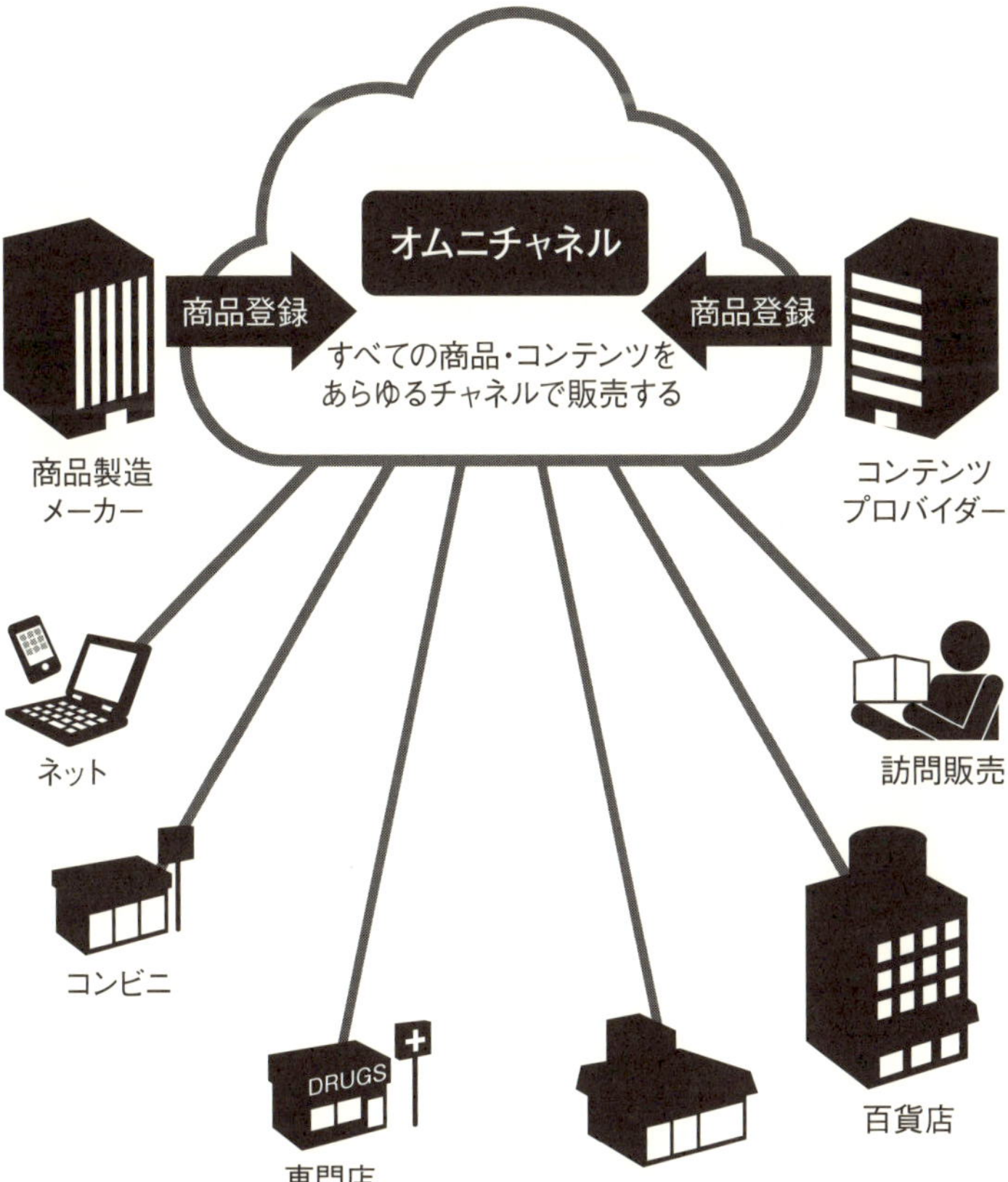

小売業も顧客の情報を集め、新たなビジネスを生み出すことが必須

各店舗も、その商品台帳からリアルの売り場での品揃えを決めて、商品を仕入れる。これが実現すれば、各店舗は、業態の境界を超えて、地域の顧客のニーズに合った個店主義の売り場づくりを行うことが可能になります。

さらに、グループのクラウド上には、顧客の購買行動や商品検索のビッグデータが蓄積されていきます。この膨大な顧客データを分析し、一人ひとりの顧客のニーズやライフスタイルに合った商品・サービスのリコメンデーションをしていく。

さらに、顧客データをもとに新しい商品を独自に開発し、他社との差別性を高めていく。

ここに、グループがもつさまざまなシステム、店舗網、販売方法など、すべての事業インフラを、ネットとリアルの境目も超えて、顧客を中心にして新たに組み直していくという顧客戦略が実現します。

わたしが責任者となって推進したセブン&アイグループのオムニチャネルは、既存の流通のあり方を根底から変革する可能性を秘めており、その意味でも流通革新の第二ステージの扉を開くことを目指すものであったのです。

顧客中心主義の日米逆転

かつて、日本の小売業は顧客第一主義、顧客中心主義という点では世界でもっとも高い水準にありました。なぜなら、世界でもっとも対応が難しい日本の消費者を相手にしてきたからです。

アメリカでは、富裕層、中間層、低所得層と階層別に利用する店舗がわかれていますが、日本の消費者は、一人が一〇〇円ショップからコンビニ、スーパー、百貨店、専門店まで、目的に応じて使いわけます。

日本人が商品・サービスに求める品質の水準は、先進国のなかでも際だって高いものがあります。

もっとも特徴的なのは、商品ライフサイクルの回転の速さです。

日本の商品ライフサイクルは、一気に売れてピークに達し、しばらくするとパタッと売れなくなる「茶筒型」で、最近ではさらにピークの期間が短くなり、「ペンシル型」になってきました。売り手やつくり手は、次々と顧客のニーズの変化に合わせて、質の高い商品を提供し続けています。

しかし、日本にもアマゾン・エフェクトが到来しつつあるように、ネットとリアルの融合によるカスタマーファースト思考においては、日本の企業はおくれをとっているのが現状でしょう。

社会のデジタルシフトが進み、デジタルの力で一人ひとりの購買行動のデータが収集できるようになり、満足度がはかれるようになったことで、アマゾンはカスタマーファースト戦略をこれまで以上に推し進め、ウォルマートもそれに対抗しようとしている。

次の章では、日本の現状に改めて目を向け、問題点を掘り下げていきます。

第4章

取り残される日本企業

教育ショックが物語る日本のもう一つの出おくれ

アメリカでは、高校卒業までにコンピュータ・サイエンスへの子どもたちの興味や関心を喚起する目的で毎年、「コンピュータ・サイエンス教育週間（Computer Science Education Week）」が設けられています。

「この一週間のうち、せめて一時間はコンピュータ・サイエンスについて学校や課外活動で学んでみよう」という、「アワー・オブ・コード（Hour of Code）」と呼ばれる推進活動で有名で、日本でも知られています。

このコンピュータ・サイエンス教育週間が、二〇一三年に開催されたときのことでした。

わたしは、バラク・オバマ大統領（当時）がアワー・オブ・コード・キャンペーンのキックオフのために発信したビデオメッセージを見て、衝撃を覚えました。

その概要は、次のようなものでした。

「コンピュータ・サイエンスのスキルを身につけることは、みなさん自身の未来のみならず、わたしたちの国の未来にとっても、大切なことです。

アメリカという国が最先端であり続けるためには、みなさんのような若い人たちに、今後の世界のあり方を変えるようなツールや技術について、学んでもらわねばならないのです。だからこそ、みなさんに参加をお願いしています。

新しいビデオゲームを買うだけでなく、自らつくりましょう。最新のアプリをダウンロードするだけでなく、設計してみましょう。スマートフォンで遊ぶだけでなく、プログラムしてみましょう。

初めからコンピュータ・サイエンスの専門家である人なんていません。でも、少しの努力と数学と科学の知識があれば、誰でもコンピュータ・サイエンティストになることができます。今週は、みなさんがそれを試してみるチャンスです。

誰にも『あなたには無理だ』なんていわせないでください。あなたが、誰であっても、住んでいるのが都市部であれ、地方であれ、コンピュータはあなたの未来の大きな割合を占めることになります。あなたがもし頑張って学べば、あなたの手で未来をつくりだすことができるのです」

大統領自らが国民に向けて、コンピュータを動かすプログラミングを身につけることの大切さを訴える。アメリカがコンピュータ・サイエンス教育に国家戦略としてとりくもうとしていることを、実感させられました。

オバマ大統領は、その二年前の二〇一一年一月の一般教書演説において、技術革新の担い手を養成するためのＳＴＥＭ教育重視の方針を掲げました。

ＳＴＥＭとは、Science（科学）、Technology（技術）、Engineering（工学）、Mathematics（数学）の領域に重点を置いた教育を意味します。

一般教書演説のなかで、オバマ大統領は、アメリカが今後も科学技術分野における国力の優位性を保つため、二〇二〇年までにＳＴＥＭ教育分野で初等中等教育のすぐれた教員を一〇万人新規に雇用することを明言しました。

これを受けて、二〇一二年からの一〇年間でＳＴＥＭ分野の大学卒業生を一〇〇万人増加させるなど、具体的な目標を設定したとりくみが進んでいます。

一方、日本の現状を見ると、一学年人口あたりの情報系学科の大学卒業生の比率は、イギリス九・〇％、ドイツ七・三％、フランス七・一％、韓国六・一％、アメリカ五・一％であるのに対し、日本は二・三％と低い水準にあります。

情報系学科の一学年あたりの卒業生の人数で見れば、アメリカが五万九一四一人に対し、日本は一万六三三八人と、三分の一以下です。

また、欧米ではすでにプログラミング教育が小学校から必修科目となり、アメリカでも実践的なプログラミング・スキルを学べる学校が多数存在しますが、日本ではようやく、二〇二〇年から小学校でのプログラミング教育の導入が決定した状況で、出おくれているのが現状です。

その結果、経済産業省の統計によれば、日本のＩＴ人材は二〇一五年の時点ですでに約一七万人が不足しているといいます。

また、人口減少にともない、二〇一九年をピークにＩＴ関連産業への入職者は退職者を下回るようになり、日本のＩＴ人材供給力はさらに低下の一途をたどるようになります。

その一方で、ＩＴニーズの増大により、ＩＴ市場は今後も拡大を続けるでしょう。それは、データを見れば明らかです。世界時価総額トップ一〇〇社のうち、一二社がテクノロジー関連企業で、業種別で見ると、時価総額の総和は金融に次ぐ規模になっています（二〇一五年）。また、二〇〇九年比の時価総額の成長率では、テクノロジー関連部門がもっとも大きなのびを示しています。

このように、今後もＩｏＴ、ＡＩ、クラウドの普及により、ＩＴ市場が拡大していくなかで、日本ではＩＴ人材不足がますます深刻化し、二〇三〇年には約五九万人程度まで不足の規模が拡大すると予測されているのです（経産省「ＩＴ人材の最新動向と将来推計に関する調査結果」より）。

いま、世界中でコンピュータ・サイエンス教育をめぐり、国際的な教育改革競争が起きています。教育レベルの差は、そのまま国力の差となってあらわれます。

アメリカでは、ＳＴＥＭ人材を新たに一〇〇万人確保する目標を掲げ、大統領自ら、国民にプログラミングを習得するよう訴える。

このままいくと、ＩＴ人材の育成に国家としてとりくみ始めたアメリカと、育成がおくれる日本との間で大きな隔たりが予想されます。

それはわたしにとって、教育ショックともいうべき衝撃でした。

ビジネスパーソンもプログラミングを学び始めた

オバマ大統領のメッセージはアメリカだけでなく、全世界で大きな反響を巻き起こし、プログラミングの教育・学習をいっそう推進する気運が高まるようになりました。

この動きはビジネスの世界にも波及し、ビジネスパーソンもプログラミングを学ぶべきだという声が聞かれるようになりました。

プログラミングとは、コンピュータが一定の目的を達成できるよう、必要なプロセスについて正しい指示を与え、正常に動くかどうか検証するという一連の行為のことです。

プログラミングを学ぶとは、コンピュータの働きを享受する側から、コンピュータを動かす側に回ることもできるようになるということです。

プログラミングの学習が大切であることは、IT業界の偉人たちも語っています。たとえば、アップルの創始者であるスティーブ・ジョブズは次のような言葉を残しています。

「アメリカ人は全員コンピュータのプログラミングを学ぶべきだと思うね。なぜなら、コンピューター語を学ぶことによって『考え方』を学ぶことができるからだ。ロースクールに行くようなものだよ。全員が弁護士になるべきだとはいわないけれど、現実にロースクールに通うことは人生に役立つはずだ。一定の方法で物事の考え方を学べるからね」（『プログラミング入門講座』米田昌悟著　SBクリエイティブ　二〇一六年より）

また、フェイスブックの創業者、マーク・ザッカーバーグもこう語っています。

「プログラミングの勉強をはじめたのは、コンピュータ・サイエンスのすべてを知りたいとか、原則をマスターしようとか、そういうことではまったくありません。ただ、やりたいことがひとつあって、自分と自分の妹たちが楽しめるものを作りたいと思っていたんです。（中略）

大学の寮の部屋で何かをはじめることができる。大きな会社なんて作ったことがない友達と集まって、何億という人が日常生活の一部として使うものを作る。想像するだけですごいことです。ちょっと怖いけれど、素晴らしいんです」（前掲書より）

「プログラミングを学ぶことは『考え方』を学ぶこと」というジョブズの言葉や、「自分たちが楽しめるものをつくるためにプログラミングの勉強をはじめた」というザッカーバーグの言葉は、なぜ、ビジネスパーソンもプログラミングを学ぶべきであるか、その理由を端的に物語っています。

ビジネスパーソンがプログラミングを学ぶメリットとして、よく、論理的思考法（ロジカル・

シンキング）や問題解決能力の向上が指摘されます。それはプログラミングが、ある問題を解決するための論理の構築過程そのものだからです。

しかし、ビジネスパーソンがプログラミングを学ぶ最大のメリットは、デジタルシフトによって、なにができるかがわかることにあります。

なぜなら、プログラミングは、「こんなことを実現したい」というアイデアの発案が起点になるからです。

これは、問題発見とか課題設定と呼ばれるプロセスで、いわゆる「ＷＨＡＴ（なにを）」にあたります。ＷＨＡＴは、なぜそれを実現するのかという「ＷＨＹ（なぜ）」と一体のものです。

次いで、「ＨＯＷ（どのように）」に移る。そのアイデアを実現する、あるいは問題や課題を解決するには、どのようなプロセスが必要か、論理的に分析します。その分析にもとづき、解決策を計画し、細分化します。設計の工程です。

以降は、コンピュータに対して、プログラミング言語で過不足なく指示するという実行段階に移ります。プログラミングを実行し、正しく作動しているかどうかを評価し、もし、誤作動をしたら、別の方法を試しながら、完成させていく。これが一連の流れです。

ちなみに、一般的に非英語圏の人間が英語を習得するには延べ一〇〇〇時間が必要といわれますが、プログラミングは延べ三〇〇時間で学ぶことができます。

このように、プログラミングの一連の流れは大きく、「アイデア発案＋設計」の上流工程と「開発（プログラミング言語でコードを書いていく）」の下流工程の二つにわけることができます。

ここで重要なのは、なぜ、ジョブズはパーソナルコンピュータを発案し、なぜ、ザッカーバーグはフェイスブックを発案できたのかということです。

ジョブズは若いころ、東洋思想に傾倒し、インドへの旅費を稼ぐため、ビデオゲーム会社で働き、プログラミングを習得しました。ザッカーバーグは高校時代から、音楽再生用フリーウェアのサービスを開始するほどプログラミングを熟知していました。

だから、ジョブズは一九七九年にゼロックスの研究所を見学した際、同社の技術者が開発中だった、マウスを使ってディスプレー上のカーソルを動かすGUI（グラフィカル・ユーザーインターフェース）を目にして衝撃を受け、それを使えばなにができるか、直観的にひらめき、世界で初めてGUIを使ったパソコン、マッキントッシュ（Mac）を八四年に発案し、発売するにいたりました。

同じように、ザッカーバーグもキャンパス内を行き交う学生たちを眺めているうちに、学内だけのSNSを発案します。それがフェイスブックのもとになっていきました。

そして、ジェフ・ベゾスも高校時代からコンピュータに関心をもち始め、プリンストン大学入学後も専攻を物理学からコンピュータ・サイエンスと電気工学に変えました。

卒業後は、ウォールストリートの金融機関のIT部門やヘッジファンドで仕事をしていましたが、インターネットが普及し始めたのを見て、インターネット書店を開業したのです。

プログラミングのHOWの開発の知識があったからこそ、WHATとWHYが表裏一体となったアイデアを発案し、なおかつ、それを設計に落とし込むことができた。自分でつくりかたを知っていたからこそ、なにをつくるかという命題を生み出すことができ、指示を出すことができたのです。

マーケティング担当者はなぜ、プログラミングを学ぶのか

日本でも同様です。国内最大のファッション専門のネット通販ZOZOTOWN(ゾゾタウン)は、自社サイトに掲載するさまざまなブランドの商品について、独自に測定し直したサイズを表示し、複数のブランドの商品を一度に比較できる仕組みに差別性があります。

最近では、採寸ボディースーツ「ZOZOSUIT(ゾゾスーツ)」の無料配布を開始しました。ゾゾスーツは資本提携をしたニュージーランドのソフトセンサー開発企業と共同開発をしたものです。ゾゾスーツには伸縮センサーが内蔵されていて、着用した状態でスマートフォンと通信接続をすると、体のあらゆる箇所の寸法を瞬時に測ることができます。

寸法データはゾゾタウンのアプリに保存されるので、自分のサイズを確認でき、ゾゾタウン

で買い物する際にはサイズに合った商品が紹介されます。カスタマーファーストへと踏みだすサービスといえるでしょう。

創業者である前澤友作さんにお会いした折、「最初はなにもわからなかったのですが、自分でプログラムを組んでやってみました」と話されていたように、自分でＨＯＷを学ばれたからこそ、ＷＨＡＴとＷＨＹのアイデアを発案できたのです。

フリーマーケット（フリマ）アプリ「メルカリ」の創業者、山田進太郎さんも、大学在学中に楽天でインターンとして楽天オークションの立ち上げに携わった経歴をもっています。

わたし自身、富士通でＳＥをやっていたころはプログラミングが仕事でした。そのころはクライアントからＷＨＡＴとＷＨＹ、そして、設計の要件定義が明確に示されました。

次いで、わたしはソフトバンクに移り、営業を担当するようになりました。そこで目にしたのは、電話で顧客からの注文を受ける光景でした。それが、情報革命を目指すソフトバンクにあっても「当たり前の光景」でした。

ＳＥ出身のわたしから見ると、「なんでこんなことをやっているんだろう。毎日毎日、こんなことをやっているならば、システム化したほうが楽ではないだろうか」と、実に奇妙な光景だったので、わたしの発案でオンライン化へ移行を決め、初期の設計はわたし自身が行いました。

営業出身者にとっては、電話での受注は当たり前で、改革しようとはまったく思わなかった。

一方、わたしは時代の最先端を行くプログラミングのＨＯＷを知っていたからこそ、オンライン化というＷＨＡＴとＷＨＹを発案し、要件を導き出すことができたのです。

これは重要なポイントです。最近のＡＩブームについてもあてはまります。いまは、猫も杓子もＡＩブームです。前はそれがＡＩだなどといっていなかったものまで「ＡＩ機能」を標榜するようになった。頭にＡＩをつけると価格が高くなるため、〝ＡＩネーミングで稼ぐ人々〟まで出現する始末です。

ＡＩは、ＩｏＴやセンサーが集めた過去の膨大なデータのなかで与えられたルールをもとにさまざまなパターンを見つけ出し、そこから最適と思われるパターンを導き出すのは得意です。チェスや将棋のＡＩは、その典型でしょう。

しかし、ＡＩはデータをもとにして「なにをやるか」を決めることはできない。なぜなら、ＡＩには結果の責任はとれないからです。アイデアの発案は人間が行わなければなりません。ＨＯＷの知識があるからこそ、ＷＨＡＴとＷＨＹのアイデアを発案し、設計に落とし込むことができる。わたしの見るかぎり、そのことに気づいて、いち早くプログラミングの学習を始めたのは、マーケティング分野の人々です。

マーケティングもいまや、電子メディアをつうじて製品やブランドのプロモーションを行うデジタル・マーケティングの時代に入り、マーケティングの知識だけでは不十分になっているからです。

第3章で述べたように、いまの消費者の消費行動モデルはDual AISASの時代に入りました。

企業から発信される情報だけではなく、プライベートなネットワーク上で、友人、知人など第三者の意見や感想も瞬時に伝達されるようになり、消費者の多くは、企業が発信する情報よりも、第三者からの情報をより信頼し重視するようになっています。

また、今日の消費者は、自分のことを理解している企業やブランドから、自分のニーズや嗜好、ライフスタイルに即したパーソナライズされた情報提供やコミュニケーションを受けとることを望むようになりました。

これに応えるためには、あらゆるデジタルチャネルを横断して、顧客のニーズや嗜好を把握し、その情報を利活用して、顧客を購買に導くための最適なカスタマー・エクスペリエンスを予測し、さまざまなチャネルをとおして提供していくことが必要です。

そのため、デジタルでHOWの知識が豊かであるほど、マーケティングで顧客が求める斬新なWHATとWHYのアイデアを発案できる。

つまり、マーケティングとデジタルの両方のスキルを有することが、マーケッターの競争力になっている。だから、マーケティングの世界では、いち早くデジタルシフトが進んだのです。

デジタルシフトに挑戦する日本の革新的な経営者①〜柳井 正

日本でも、プログラミングの知識はなくてもデジタルの本質を把握している経営者は、デジタルシフトへと一歩踏みだそうとしています。

代表格が、ファーストリテイリングの柳井正会長兼社長でしょう。

たとえば、横浜市にあるショッピングセンター、横浜港北ノースポート・モールに二〇一七年九月にオープンした傘下の「GU」の新店舗はデジタルテクノロジーを駆使したファッション・デジタルストアとして注目が集まりました。

ファーストリテイリング柳井正会長兼社長。

タグに埋め込まれたICチップから電波を使って非接触で商品データを読み取るRFID（無線自動識別＝Radio Frequency Identification）と呼ばれるシステムを初めて導入。店内に設置された「オシャレナビ・ミラー」のセンサーに商品のタグをかざすと、その商品の購入者からのレビューやモデル、一般人によるコーディネート例などを見ることができます。

モニターがついた「オシャレナビ・カート」を押しながら店内を移動すると、売り場に設置されたビーコン（Beacon）と呼ばれる発信機から、エリアごとのおすすめ商品の情報やプロのスタイリストによるコーディネート情報が表示されます。また、カートのセンサーに商品タグをかざすと、ミラーと同様、購入者のレビューやモデルや一般人によるコーディネート例を閲覧できるほか、オンラインストアでの在庫状況も確認できます。

顧客は、デジタルとリアル店舗を連動させたインタラクティブなショッピング体験を楽しむことができるわけです。

ＩＴを活用し、同じく傘下の「ユニクロ」を中心に、商品の企画・生産から物流、社員の働き方まで、商品づくりにかかわるすべての仕事を根本的かつ一体的に改革するため、二〇一七年二月から本格的に始動させた「有明プロジェクト」もデジタルシフトへの挑戦でしょう。

ユニクロは企画から製造、小売りまでを一貫して行うＳＰＡ（製造小売業＝Speciality Store Retailer of Private Label Apparel）の典型で、半年から一年間でデザインを決め、素材を調達し、高品質な商品を大量に生産し、手ごろな価格で販売するビジネスモデルで成長を続けてきました。

しかし、企画から商品が店頭に並ぶまでに流行のズレや気候変動のため、顧客の消費動向が予測と外れ、過剰在庫が生じたり、逆に欠品による機会ロスが生じるリスクがともなった。

そこで、店頭やネット通販で収集した顧客の購買データから消費動向をＡＩなどのテクノロジーを活用して把握し、生産部門や物流部門が共有するなど、顧客を起点にして事業インフラを組み直し、顧客が求める商品が、求めるだけ、求めるときに店舗でもネット通販でも陳列されるようにする。その顧客の購買データを収集するため、GUの新店舗と同様、ICチップを埋め込んだRFIDタグを全商品に取りつける予定といいます。

こうしたデジタルシフトのとりくみを、柳井さんは「製造小売業（SPA）から情報製造小売業（＝Digital Consumer Retail Company）への転換」と表現しています。

デジタルシフトに挑戦する日本の革新的な経営者②～孫 正義

わたしが以前、籍を置いたソフトバンクの孫正義社長は、いうまでもなく、デジタルシフトの先頭を走ろうとしている経営者です。

創業時はPCソフトの卸業としてスタートしましたが、本格的なインターネット社会が到来すると、二〇〇一年からヤフーと共同でインターネット接続サービスのYahoo！BBの提供を開始し、ブロードバンドの通信事業へと本業の軸足を移します。

続いて、モバイルインターネット時代に向け、二〇〇六年には一兆七五〇〇億円を投じてボーダフォンを買収し、携帯電話事業に参入しました。

さらに、これからIoTが本格的に普及し、すべてのものがネットワークに接続された世界で、膨大な情報をもとに、個人の生活をより豊かにする新たなサービスやビジネスの創出が期待されています。

すると、孫さんは「チップを制するものがすべてを制する」と唱え、二〇一六年七月にスマートフォンの中核部分をおさえるイギリスの半導体設計大手のARMを、日本企業によるM&Aとしては過去最高規模の三兆三〇〇〇億円で買収すると発表しました。

ARMベースのチップは全世界で年間一四八億個も出荷され、なかでもスマートフォンやタブレットなどのモバイル・コンピューティング市場では、アプリケーションプロセッサーで八割以上のシェアを獲得し、その存在感は圧倒的です。

ソフトバンク孫正義社長。

当時、ソフトバンクは一二兆円近い有利子負債を抱えており、ただ、この買収については、投資負担の重たさから「無謀」と懸念する声があがりました。

また、孫さん自らが後継者に指名しながら、発表の一カ月前に突如、副社長を退任したニケシュ・アローラ氏はこの買収に反対していたとも予測されたことから「迷走」と見る向きもありました。

これに対し、孫さんは買収を発表する際、囲碁にたとえてこう語っています。

「囲碁で、すぐ目の前の隣に碁石を打っていくのは素人の戦い方だ。囲碁で勝つ人は、遠く離れたところに打つ。それが五〇手目、一〇〇手目になって、非常に大きな力を発揮するようになって、あのとき、あそこに打たなければならなかったとわかるようになる。わたしは常に七手先まで読みながら、石を打つことを心がけている。なぜ、いまこの石を打つのか、わかる人にはわかるし、わからない人にはわからないだろう。三年、五年、一〇年と、ときがたつにつれて、われわれがARMをグループ企業としてもった意味がわかる。そのとき、ARMがわれわれのグループの中核のなかの中核になっているだろう」

デジタルシフトに挑戦する日本の革新的な経営者③～鈴木敏文

この孫さんと同じような趣旨の言葉を発した人物がいます。セブン&アイ・ホールディングスの鈴木元会長です。

在任時に強力に推進したオムニチャネルに対して、成功するかどうか、懐疑的に見る声が多くあがりました。これに対し、元会長はこう語りました。

「オムニチャネルに対して、マスコミや外部からは、否定的な見方をされることが多くあります。ただ、われわれは困難に直面しても、需要やニーズについて仮説を立て、結果を検証し、次の仮説に活かすという仮説・検証を重ねる。時代の転換期には、目指す方向を見定め、新しいことに着手したら、徹底して追求していくことです。すると、加熱した水が沸点に達するように、ある時点で必ず爆発点に到達し、壁をブレイクスルーすることができます。セブン‐イレブンの創業以来の軌跡そのものが、先進的なとりくみに挑戦してはイノベーションを起こす、その繰り返しでした。みんながいいと賛成することは、たいてい失敗し、みんなが反対することはたいてい成功する。オムニチャネルも利益が出るようになったとき、『これはいい』と、みんなが始めるようになることでしょう」

　孫さんと鈴木元会長は旧知の仲で、わたしがセブン＆アイグループに在籍していたころ、わたしを交えた三人で、これから先、世の中がいかにデジタル社会やネット社会へと移行していくか、すなわちデジタルシフトについて、よく議論したものでした。

セブン＆アイ・ホールディングス
鈴木敏文名誉顧問。

　孫さんと鈴木元会長の二人に共通するのは、常にものごとの本質をつかみ、世の中の変化を的確にとらえることです。

　孫さんが「わたしは通信会社をやっているつもりはありません。情報革命の会社をやっているのです」と語れば、鈴木元会長は「小売業は単にモノを売るのではなく、変化対応業である」と語る。

だから、孫さんは情報革命を実現するために、莫大な投資を行ってARMをグループの傘下に入れ、鈴木元会長は社会の変化にいち早く対応するため、オムニチャネルを推進したのです。

余談ながら、二人は当時、わたしにとっては前に働いていた企業グループのトップと、いま所属している企業グループのトップという関係でもありました。二人の会話には、お金の匂いのする話はいっさい出ませんでした。

たとえば、孫さんは起業したてのころ、鈴木元会長が出る講演会や勉強会へよく参加していたようで、孫さんが「鈴木さんは若いぼくを認めてくれた数少ない恩人なんです」と話すと、「孫君はやっぱりすごいよ」と元会長がその実力を讃える。するとまた孫さんが「いやあ、崖っぷちを歩くのがうまくなりました」と返す。

そんなやりとりを間近で聞くことができたのも、いい経験でした。

デジタルシフトに挑戦する日本の革新的な経営者④〜北尾吉孝

孫さんに招かれて、野村證券から一九九五年にソフトバンクに入社し、ソフトバンク・インベストメント（現SBIホールディングス）を立ち上げた北尾吉孝さんも、デジタルシフトの最前線を走る経営者の一人でしょう。

ソフトバンク時代にわたしの上司でもあった北尾さんは、インターネットの本格的な普及と波長を合わせながら、SBIグループを一代で巨大な金融コングロマリットへと成長させました。

SBIグループは、北尾さん自身が二〇一五年にオンライン証券のリテール（個人向け）市場において、「ネット証券各社との競争は終わった」と終結宣言をして業界内で波紋を呼んだように、圧倒的に高いシェアを占めています。その顧客属性を見ると、二〇～四〇代が七割を占めます。

また、SBIグループには、オンライン証券だけでなく、銀行から保険までそろっていて、これほど広範囲に金融業を手がけているグループはほかにはないでしょう。

個人の顧客にとっては、自分が保有する金融資産について、どの金融機関のどの金融資産に配分するかは重要な関心事です。そこで、SBIグループでは、銀行へ預けることも、証券を購入することも、ワンストップでできる仕組みをつくり、個人金融資産を簡単に移動できるようにしました。

つまり、SBIグループを一つの金融のエコシステム（生態系）としてつくりあげた。それは、インターネットのテクノロジーをビジネスのベースにしてきたからです。その意味では、ITと金融を融合したフィンテックの元祖の代表的存在ともいえるでしょう。

たとえば、グループ内の投資評価会社を使って、過去のパフォーマンスのデータをもとに投資候補になりうる投資信託について、選ぶ基準を「星の数」で示すサービスも提供し、顧客の利便性を高めてきました。この選ぶ作業においては、今後、ビッグデータを解析するＡＩの活用が進むことでしょう。

こうしたビッグデータやＩｏＴ、ＡＩ、さらに仮想通貨のブロックチェーンの領域では、ベンチャー企業などと提携関係を広げていく必要があり、ＳＢＩグループは世界各国の多くのフィンテック企業に投資を行うだけにとどまらず、自らの事業に取り込み続けています。

一方、メガバンクの現状はどうでしょう。みずほフィナンシャルグループが、店舗については二〇二四年度末までに店舗を全国五〇〇拠点のうち一〇〇拠点を削減し、人員については二〇二六年度末までに一万九〇〇〇人を削減するなど、各社ともに大胆なリストラ策を打ち出し、大規模な構造改革を迫られています。

SBIホールディングス北尾吉孝社長。

これは、超低金利が長期化して利ざやを圧迫し、人口減による国内需要の減少という構造問題が立ちはだかっていることがありますが、ＩＴと金融を融合したフィンテックの急速な広がりへの対応も大きな要因となっています。

オープンAPI提供へと踏みだしていますが、それも、銀行API公開の気運が世界的に高まるなかで、「日本もおくれをとってはいけない」と危機感を抱いた金融庁の後押しも働いているからでしょう。

大規模なリストラ策を強いられているメガバンクと、成長を続けるSBIグループ。その決定的な差はどこから生まれるかといえば、経営者がデジタルシフトの本質を理解し、カスタマーファーストへ踏みだそうとしているか、いないかの違いからでしょう。

たとえば、メガバンクのなかには、日本円とペッグ（固定）し、円と等価交換ができる、つまり日本の独自の仮想通貨を創設する構想を打ち出しているところもあります。

しかし、顧客から見れば、仮想通貨も統一してほしいと考えるのが普通ではないでしょうか。独自の仮想通貨構想は、日本のメガバンクがいまだ、ネットファーストのフェーズから抜け出していないことを物語っているように思います。

それに対して、北尾さんはインターネットをベースとして一大金融コングロマリットを築き上げたように、金融業界では抜きんでてITに詳しい。

しかも、経営の姿勢がゆらがない。北尾さんは「情報革命で人々を幸せにする」「情報革命をつうじて人類と社会に貢献する」という理念をもち、けっしてゆらぐことのない孫さんに共鳴して、ソフトバンクに移りました。

その北尾さん自身、「従来の金融のあり方を変革し、インターネットのもつ力を利用し、より顧客の便益を高める金融サービスを開発する」という金融イノベーターとしての理念を掲げて、ゆらぐことがありません。

デジタルの本質を知り尽くし、カスタマーファーストの理念をもつ。だから、デジタルシフトがもたらすWHATとWHYを自ら考え出すことができたのです。

デジタルシフトは「第二の創業」の意識が必要

しかし、デジタルシフトへと踏みだす革新的で挑戦的な経営者は、残念ながら、日本では一部にかぎられています。

ここにあげた柳井さん、孫さん、鈴木元会長、北尾さんに共通するのは、起業を経験した経営者であるということです。

経営者に求められる本当の才能とはなにか。それは、企業に不安定な状態をもたらすことのできる才能であるといわれます。

これは、プラスチックの定規にたとえられます。

プラスチックの定規は、そのままの状態ではエネルギーを発揮しません。では、どんなときにエネルギーを発するかといえば、力を加えられて曲がった状態から元に戻るときにいちばん大きな力を発揮する。

同じように、企業も不安定な状態から安定な状態へと移ろうとするときに、最大のエネルギーを発する。だから、経営者には、プラスチックの定規を曲げるように、組織を不安定な状態に置くことができる才能が求められるというのです。

しかも、ひとたび安定すると力が発揮されないので、また、不安定な状態へともっていく。それを繰り返すことができるのが、真の経営者であると。

確かに、起業はゼロからのスタートアップで、事業基盤も、財務基盤も脆弱で不安定です。そこで力を発揮し、一定レベルまで成長を達成すると、また新たな事業を始め、再び企業を不安定な状態に置く。

実際、ソフトバンクによるＹａｈｏｏ！ＢＢのブロードバンド参入も、一兆七五〇〇億円を投じたボーダフォンの買収も周囲から「無謀」と評されましたが、それがいまのソフトバンクグループをつくりあげました。そして孫さんはまた、三兆三〇〇〇億円を投資してＡＲＭを買収し、チップ事業へと乗り出しました。

セブン‐イレブンの創業も内外から猛反対されるほど、成功が危ぶまれながら、新聞の社員募集広告で集めた素人集団で日本初の本格的コンビニエンスストアチェーンを自力で立ち上げていきました。

そして、国内最大最強のチェーンをつくりあげると、鈴木元会長は今度は金融業界から「絶対失敗する」と猛反対されながらも、流通業による自前の銀行設立へと踏みだしました。セブン銀行のＡＴＭ（現金自動預払機）はいまでは一つの社会インフラになっています。そしてまた、新たに不安定な状態へと踏みだしたのが、オムニチャネル事業だったわけです。

ＩＴ活用をレガシーファースト思考やネットファースト思考から、カスタマーファースト思考へと変化させ、デジタルシフトへと踏みだす。それは、これまでの安定した状態にあった企業に不安定な状態をもたらすことを意味します。

そのため、成長期を経て、すでに成熟期に達した企業で経営を担ってきた経営者にとって必要なのは、「デジタルシフトは第二の創業」という意識です。

つまり、かつてのアナログの時代に創業し、成長をとげてきたとするならば、本格的なデジタル時代がいよいよ到来するなかで、第二の創業の意識でデジタルシフトととりくまなければならない。

重要なのは、経営者の意識改革です。問題は、それがいわゆる「サラリーマン経営者」にできるかどうかです。

サラリーマン経営者はデジタルシフトに踏みだせない

サラリーマン経営者とは、多くの場合、社員として入社し、昇進をとげて社長の座についた経営者のことです。

一定規模以上の日本企業の社長は、ほとんどがサラリーマン社長でしょう。

では、サラリーマン経営者が自ら意識改革をし、デジタルシフトを第二の創業と位置づけて挑戦ができるかといえば、はなはだ疑問を抱かざるをえません。

まず、サラリーマン経営者の多くは、いわゆる減点主義の企業風土のなかで、管理職時代に特に失敗もせずに生き残り、昇進してきたからです。

失敗しないようにするには、自分で決断しないことです。市場の調査や分析は一生懸命やる。そして、誰もが賛成するような結論を導く。あるいは、「調査の結果、外部の専門家がこういっている」と、判断の基準を外部に転嫁する。

しかし、市場の調査分析は競合企業が行っても同じような結論を出し、専門家も同じことをいうため、差別性が出にくく、あまり成果には結びつかない。それでも、みんなが賛成したことなので、誰も責任は負わなくてもいい。

サラリーマン経営者のもっとも大きな問題点は、「なに」を「なぜ」やらなければならないのかというWHATとWHYを自ら考え出すことができないことです。

なぜなら、上からの指示に異を唱えず、忠実に実行してきた人間が上から評価され、前社長からバトンを渡されるというケースが多いからです。

上からの指示を忠実に実行してきたサラリーマン経営者は、いかに指示を実行するかというアナログ時代のHOWについては熟知しています。

しかし、デジタル時代のWHATとWHYはHOWと密接に結びついていて、HOWがわかるから、WHATとWHYを考えられる。

失敗しないよう、自分で決断しない人間が、デジタルのHOWについて理解していこうと思うわけがありません。

それでも、「自分はよくわからないから、やりたくない」と素直に自らの理解不足を認めるならば、周囲も意識を変えるよう説得できるかもしれません。最悪なのは、よくわかっていないのに、わかったふりをしてなにもしようとしないタイプです。

失敗をしたことがなく、WHATとWHYを考え出すことのできないサラリーマン経営者は、「社員の生活を守るのが経営者の務めであり、成功するかどうかわからないようなリスクを冒すことはできない」などといって、新しいことに挑戦しようとしない。

そのもとにいる管理職も、失敗をしないよう、リスクをとらない。企業のなかでもっとも変化を嫌うのは、中間管理職だからです。自分の過去の経験が通用しなくなるからです。トップも管理職も決断しない組織に、第二の創業などできるわけがないでしょう。

変化の時代には、リスクをとって挑戦しないほうが本当はリスクであることを理解しようとしない。これでは、世界的に進行するデジタルシフトの波に日本企業は取り残されるばかりです。

「攻めのIT投資」より「守りのIT投資」を続ける日本企業

では、日本企業の状況をしっかり調査すれば、デジタルシフトに踏みだせるかといえば、これも望み薄です。日本企業全体を見ると、わたしがセブン&アイグループに入ってから、リアル店舗での成功体験からなかなかぬけ出せない人々に多く出あったように、〝レガシーの壁〟はまだまだ厚いようです。

図⑬は、IT予算を増額する企業の増額予算の用途について、日本とアメリカの違いを示したものです。

アメリカ企業を見ると、「ITによる製品／サービス開発強化」がいちばん多く、「ITを活用したビジネスモデル変革」「新たな技術／製品／サービス利用」「ITによる顧客行動／市場

図⑬ 守りのIT投資を続ける日本企業

IT予算を増額する企業における増額予算の用途

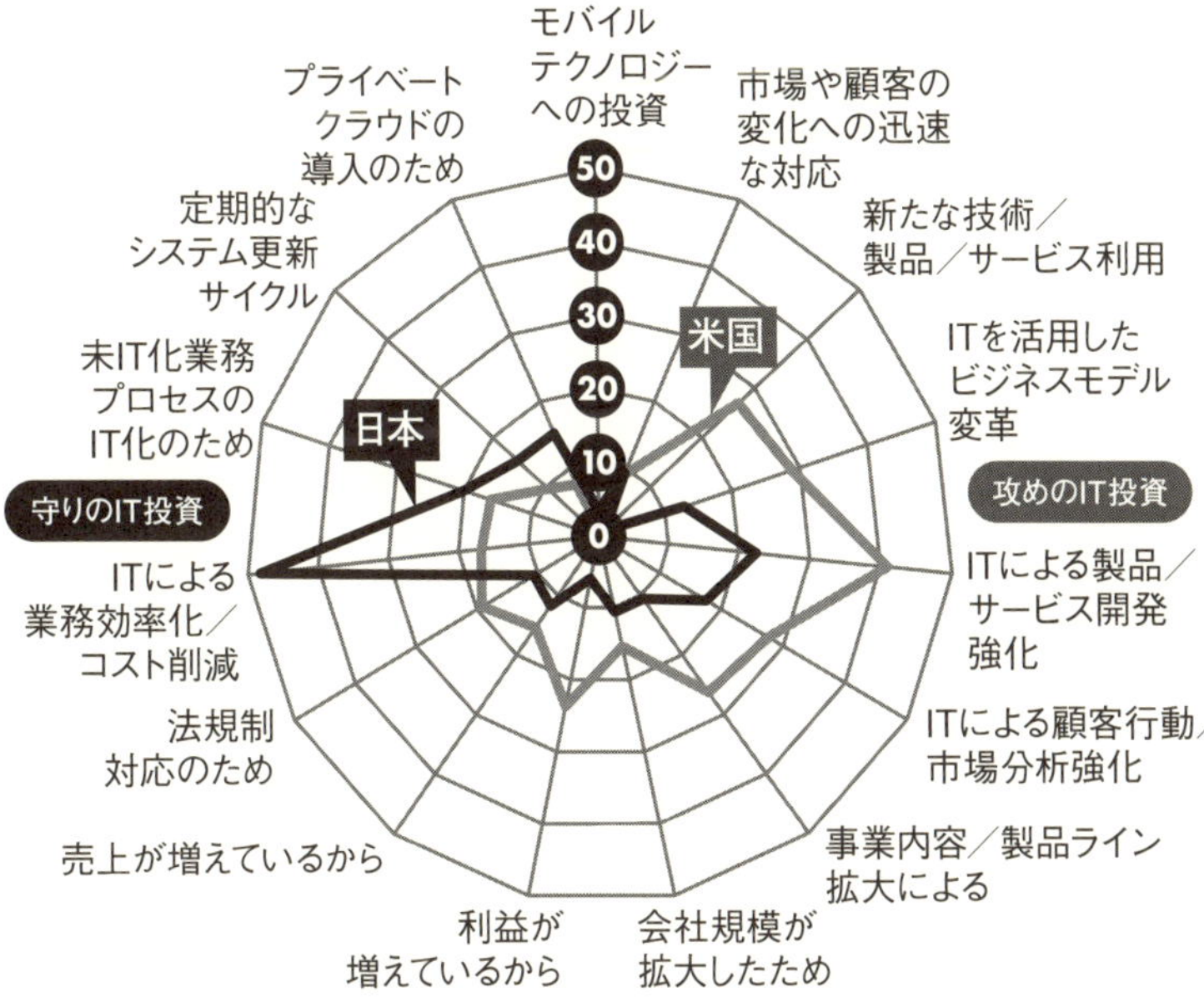

守りのIT投資を続ける日本企業

出所：一般社団法人 電子情報技術産業協会（JEITA）、
IDC Japan（株）「ITを活用した経営に対する日米企業の相違分析」調査結果（2013年10月）

分析強化」といった項目が高い割合を示しています。

では、日本企業はどうかといえば、「ＩＴによる業務効率化／コスト削減」が突出しています。アメリカ企業が「攻めのＩＴ投資」を推進しているのに対し、日本企業は依然、「守りのＩＴ投資」に目が向いている。つまり、レガシーファースト思考の時代から、考え方は変わっていないのです。

日米でこんなに違うＩＴ技術者の所属先

「攻めのＩＴ投資」を進めるアメリカ企業と、「守りのＩＴ投資」にとどまったままの日本企業。この歴然とした違いの原因はどこにあるかといえば、経営者がデジタルの本質を理解しておらず、ＩＴに関する知見がなさすぎるからです。

日本のＩＴ技術者の人数は、アメリカのほぼ半分です。日本の人口は約一億二七〇〇万人でアメリカの人口約三億二〇〇〇万人の四割程度ですから、比率で考えれば、けっして少ないわけではありません。

問題は、ＩＴ技術者がどこに所属しているかです。

アメリカではＩＴ技術者の七五％が一般企業に所属しているのに対し、日本は正反対で

図⑭ 日本のIT技術者の所属

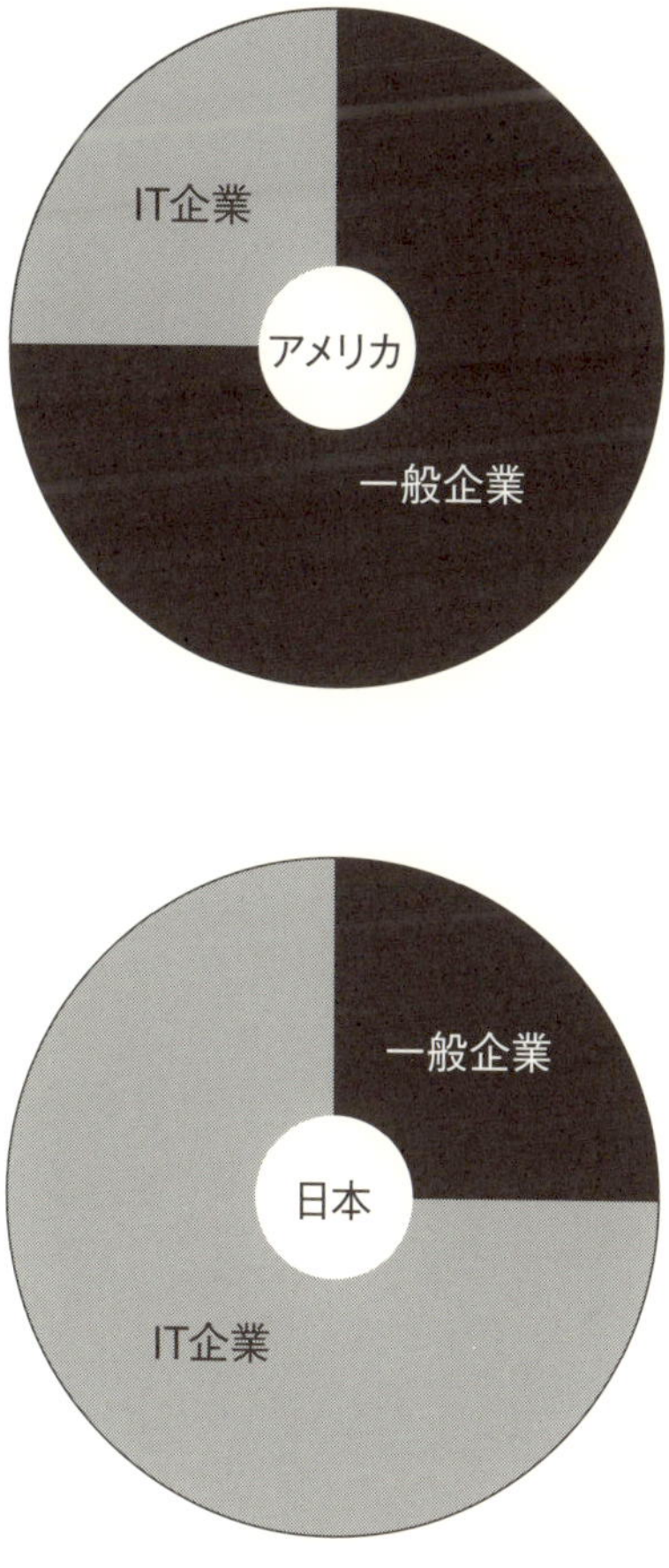

アメリカでは、IT技術者が、カスタマーファースト思考で新しいビジネスを生み出し、企業を牽引している

七五％がＩＴ企業に所属しているのです。

アメリカで残りの二五％が所属しているＩＴ企業とは、マイクロソフトやオラクルのように、ＩＴ関連の製品そのものを生み出している会社です。

一方、日本のＩＴ企業の大半はシステムインテグレーター、いわゆるＳＩｅｒです。そのため、日本ではＩＴによるシステム開発はアウトソーシングが当たり前となり、「システム開発は理系がやるもの」という考え方が定着してしまったのです。


しかし、本格的なデジタル時代には、アウトソーシングの弊害が表面化するようになってきたのも事実です。

アメリカ企業は、ＩＴ技術を自前でもったため、経営者自身がデジタルの本質がどのようなものであるかをよく知り、ＩＴ活用はカスタマーファースト思考の時代であることを理解しています。そのため、明確なＩＴ戦略のもとで、ＩＴ技術者たちがカスタマーファースト思考で新しいビジネスを考え、自分たちで要件を定義して必要なシステムをつくりだし、企業の成長を牽引しています。それが「攻めのＩＴ投資」となってあらわれている。その典型が、社員の半数をＩＴ技術者が占めるアマゾンであり、二〇〇〇人以上の技術者を抱えてアマゾンに対抗しようとするウォルマートです。

日本でも、もし、企業の側から新しいビジネスを生み出すための要件が明確に出てくれば、

ＳＩ側の技術者たちも必要なシステムを組み上げることはできます。技術力では、日本の技術者もアメリカに劣っているわけではありません。

ところが、自前でＩＴ技術をもたない日本企業では経営者がデジタルの力について理解しておらず、明確なＩＴ戦略も示せない。そのため、企業の側から新しいビジネスを生み出すための要件は示せない。逆にＳＩ側に、「ＩＴでなにができるのか」と丸投げで提案を求めることになります。

ＳＩ企業のＳＥは技術の提案はできても、クライアント企業の経営内容も知らなければ、業務内容にも精通していないので、ＩＴを活用した新しいビジネスモデルの提案などできるわけがありません。

コンサルタントにＩＴ戦略の立案を求めるケースも多くあります。しかし、コンサルタントはアメリカの事例や他社事例を紹介はしても、自ら事業をおこした経験もなく、新しいビジネスモデルを考えてくれるわけではありません。

一九八〇～九〇年代のレガシーファースト思考の時代には、クライアント側から明確に要件が示されました。業務効率化やコスト削減などがＩＴの役割だったからです。

しかし、本格的なデジタル時代が到来しても、クライアント側からは明確なＩＴ戦略が示されない。結果、レガシーファースト思考のままの「守りのＩＴ投資」が繰り返されることになる。ここに、日米企業の差が生まれるのです。

デジタルシフトとは、社会が大きく変化するなかでＩＴの劇的進化がもたらすビジネスの再構築にほかなりません。社会の変化はビジネスのチャンスでもあるのです。世界的に進行するデジタルシフトを「対岸の火事」と見ているかぎり、そのチャンスを活かすことはできないでしょう。

満足度が低い日本のＩＴ技術者

一方、いまはその七五％がＳＩ企業に在籍し、日本企業のＩＴ活用を担う人材、いわゆるＩＴ人材の現状は、世界的に見ても、けっして喜べるレベルにはありません。

いま述べたように、本格的なデジタル時代の到来とともにＩＴの利活用の質が高度化し、ＳＩｅｒなどＩＴ関連企業に期待される役割も高度化するなかで、個々のＩＴ人材に求められるスキルや能力も高度かつ広範なものとなりつつあります。

ところが、経済産業省の調査によれば、会社の教育・研究制度や自己研鑽支援制度に対するＩＴ人材の満足度を国際的に比較すると、「満足」および「どちらかといえば満足」の合計は、アメリカが八三％に対し、日本は約四一％と半数を下回っています。

インド（約七八％）、タイ（七八％）、インドネシア（約七二％）と比べても見劣りします。「満足」

に絞ってみると、アメリカの約四七％、インドの約四一％に対し、日本は約五％にすぎません。また、給与・報酬については、「満足」の度合いがアメリカの約五七％、インドの約五六％に対し、日本は約八％と七分の一のレベルです。

実際、アメリカでは世界的に見ても年収水準が高く、インドでも国内での相対的な年収水準が非常に高いのに比べ、日本は見劣りします。

その結果、デジタルシフトの推進には大きな可能性を秘めたＩＴベンチャーの起業、成長が求められるなかで、ＩＴ分野での起業・独立を強く志向する度合いが、インドでは五六％、アメリカが約四四％であるのに対し、日本ではわずか五％にすぎないのです。

日本のＩＴ人材が、アメリカやインドに劣っているわけではありません。

問題なのは、日本の多くのＩＴ人材がＳＩ企業で埋もれた状態にあるということです。どんなにすぐれた人材であっても、ＳＩ企業ではシステムをつくるというかぎられた世界に居続けることになるからです。特に大手のＳＩ企業では、人材は育ちにくい。

望まれるのは、そうしたＩＴ人材が新たなキャリアパスとして、一般企業へと移っていくことです。

一般企業にも、システム部門は存在していました。日本のＩＴ人材はどこにいるかをあらわす前掲の図で二五％の部分です。

ただ、その位置づけはどうだったかといえば、経営陣のもとに、営業、販促、マーケティング、経理、人事、開発、生産、調達といった職能別の各部門が並列的に並び、さらにその下に業務の効率化や合理化を担当するシステム部門があるという構図でした。

システム部門はＳＩ企業が構築したシステムを運用し、メンテナンスを担当するという、いわば縁の下の存在でした。

それが、本格的なデジタル時代の到来を迎え、ＩＴやシステムがはたす役割の領域が広がり、各部門の業務そのものの領域にまで拡大し、業務とＩＴが重なるようになってきました。

マーケティングとデジタルが融合し、デジタル・マーケティングという分野が生まれたのはその典型です。

もっともアナログ的と思われてきた人事でも、ＡＩを駆使した人材採用や人事評価など、ＨＲ（human resource）テクノロジーと呼ばれるシステムが登場しているのです。


こうした状況に対応するための方法は、二つあります。一つは、各部門の業務を担当していた人間がプログラムを学ぶなど、ＩＴ能力を身につけることです。

そして、もう一つは、ＳＥなどＩＴ能力をもった人間が各部門の業務を担当する方法です。

従来、ＳＩ企業などＩＴベンダーのＳＥは、クライアントの業務の世界から出てきた要件をコンピュータ言語に翻訳し、いかにコンピュータに実行させるかというＨＯＷを担当する通訳

図⑮ 会社の教育・研修制度や自己研鑽支援制度に対する満足度（n=500、ベトナムのみn=300）

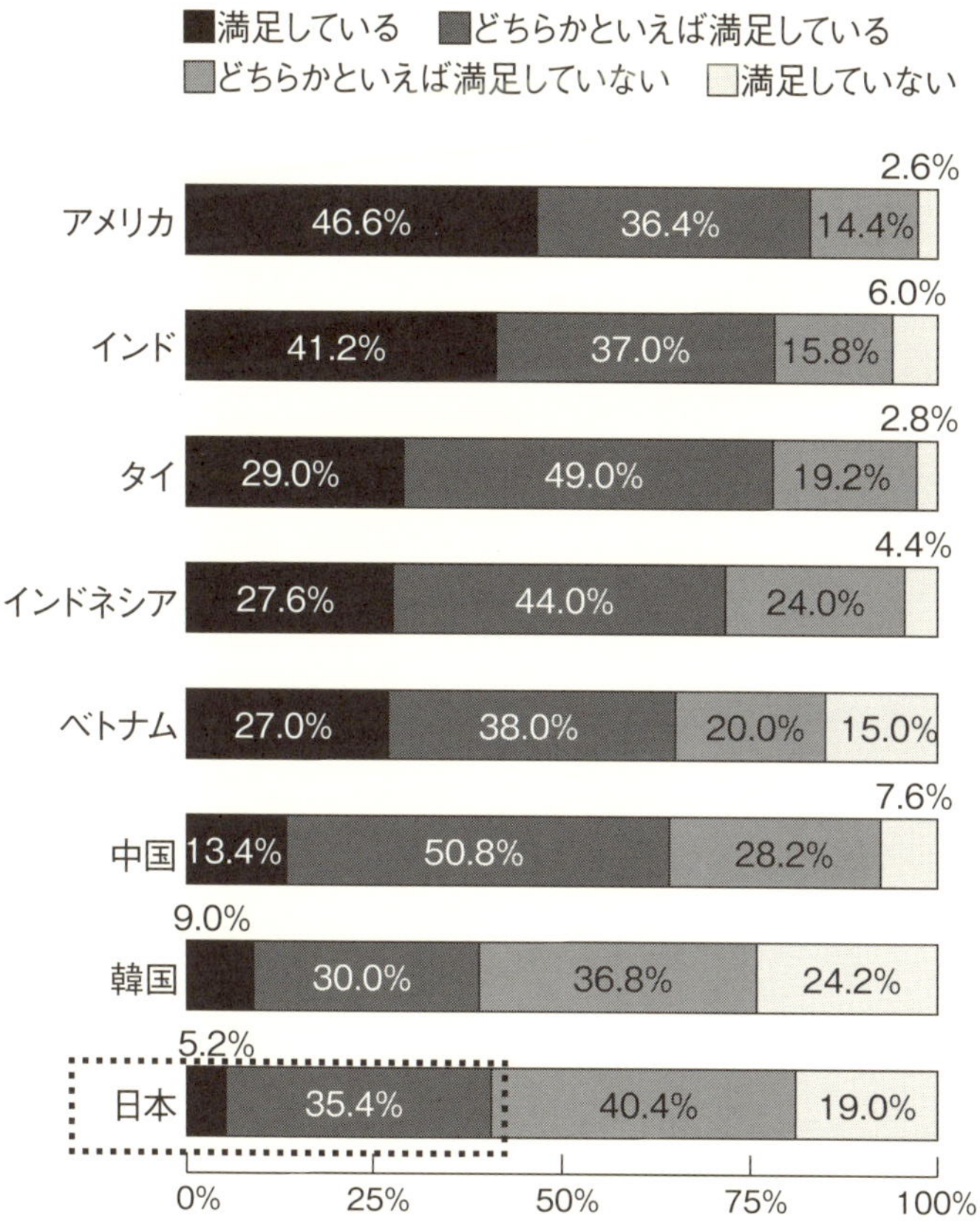

日本のIT人材は、会社の教育・研修制度や自己研鑽支援制度に対する満足度がかなり低く、「満足している」「どちらかといえば満足している」の合計が半数を下回っている

出所：経済産業省「IT人材に関する各国比較調査」2016年6月

図⑯ 給与・報酬に対する満足度 (n=500、ベトナムのみn=300)

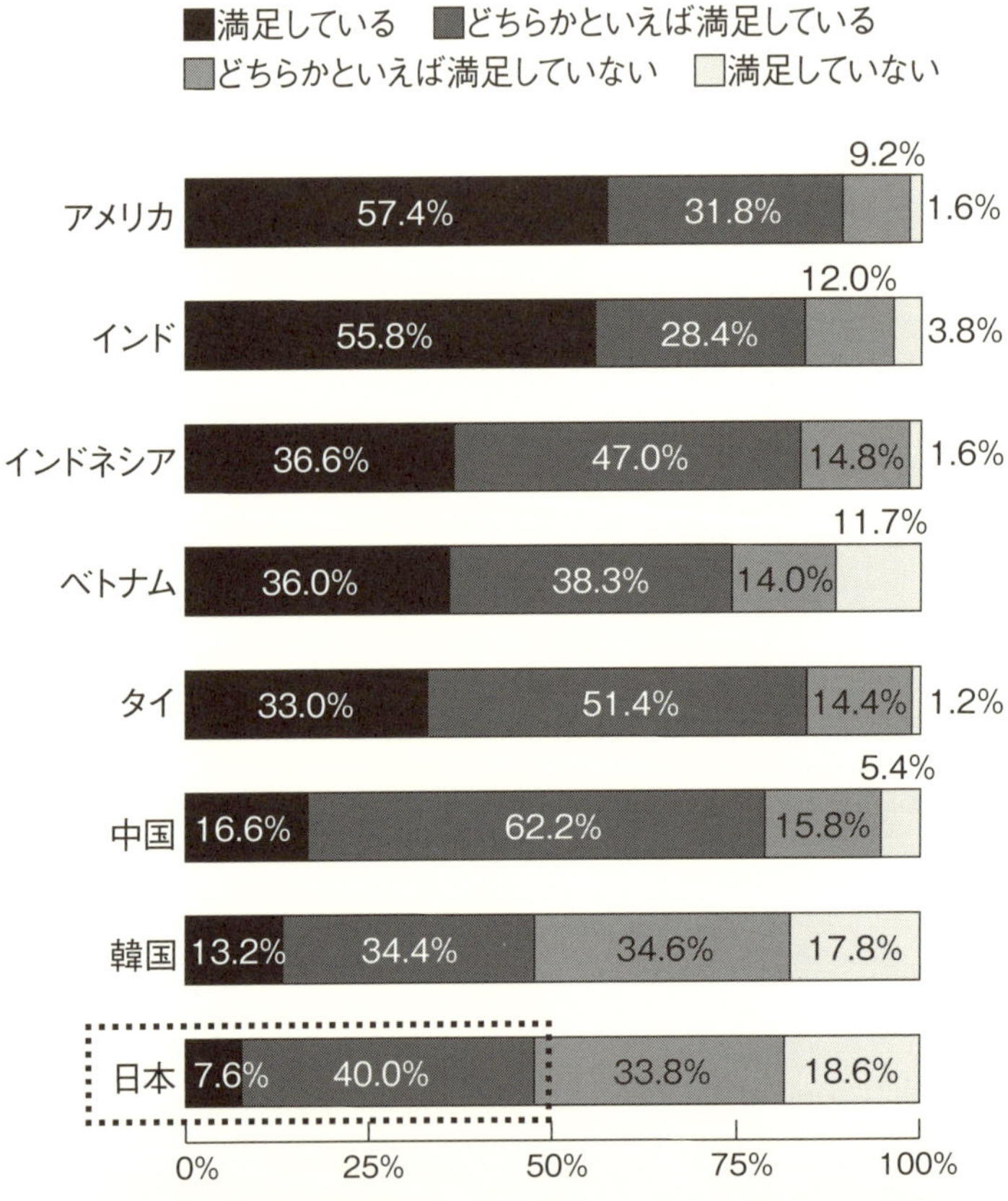

日本のIT人材の給与に対する満足度は非常に低い。「満足している」「どちらかといえば満足している」という回答の合計は、半数を下回っている

出所：「IT人材に関する各国比較調査」2016年6月

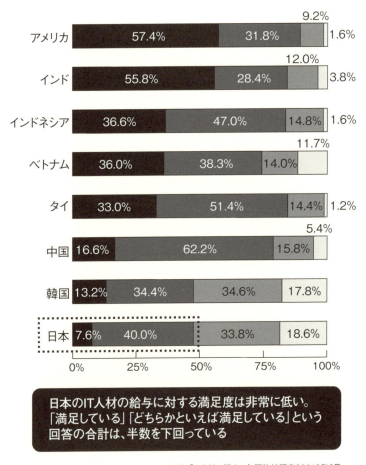

図⑰ ITに関する分野で起業・独立したいか

(n=500、ベトナムのみn=300)

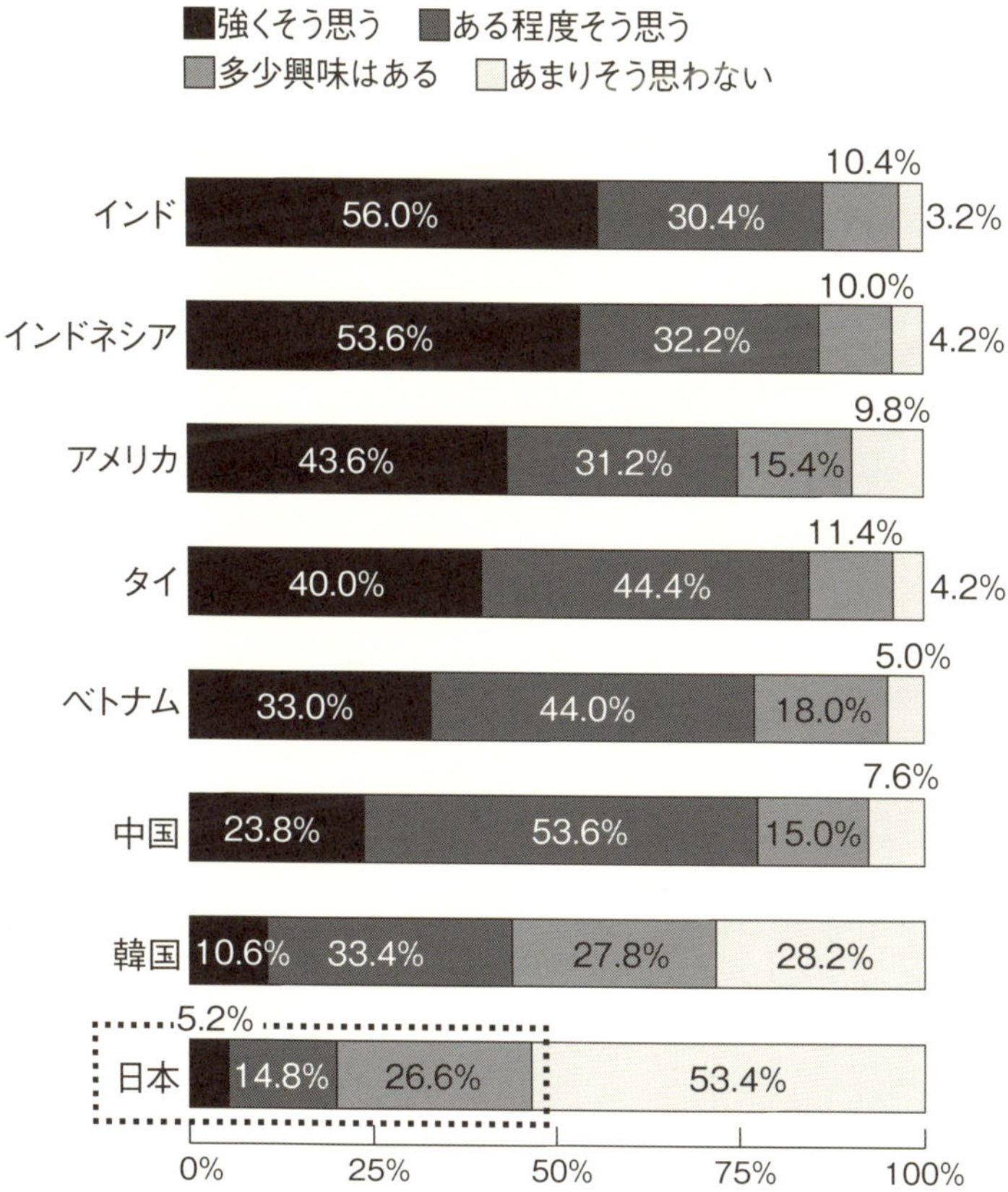

日本のIT人材の起業・独立に対する関心の度合いは、諸外国に比べると非常に低い

出所：「IT人材に関する各国比較調査」2016年6月

のような存在でした。

通訳ですから、システムについては熟知していても、クライアントについても詳しくなければ、その先にいるエンドユーザーのニーズがいま、どのように変化しているかもほとんど知りません。

ところが、クライアントから新しいビジネスを生み出すための明確な要件がなかなか出てこないとすれば、通訳がクライアントの側に移り、業務の世界を知り、その先にいるエンドユーザーを知るのは、きわめて道理に適った話です。

また、企業内のシステム部門にいる人間も、従来のようにそのままシステム畑に居続けるのではなく、システム部門から業務部門へ移るというかたちもありうるでしょう。

もともとデジタルのHOWを熟知しているIT人材が業務に精通すれば、新しいビジネスのWHATとWHYを考え出すことができる。

その典型がわたしです。富士通ではSE、ソフトバンクに転じて、営業を担当し、その後、起業。セブン&アイグループに移ってからは、企業経営をしながら、グループのインハウス・エージェント的に共同販促も手がけたため、マーケティングにも携わりました。

わたしがセブン&アイグループで、オムニチャネルを提案し、推進責任者としてプロジェクトを牽引したのも、そうしたバックグラウンドがあったからでした。

ITを熟知し、業務にも精通し、エンドユーザーのニーズの変化を察知しながら、コンピュータを活用して、新しいビジネスや事業をつくりだすことのできる人材、それがデジタルシフトの時代に求められるＩＴ人材なのです。

一般企業の側も、今後はＩＴベンダーにいる人材を業務を担当する人材として、積極的に採用すべきでしょう。

そうすれば、ＩＴ人材とＩＴ技術を内部でもつことができるようになり、従来のようなアウトソーシング志向や外部への丸投げという旧態依然とした体質から脱却できるはずです。

大企業はベンチャーと組むべき

わたしがソフトバンク在籍中の一九九九年、トーハン、セブン－イレブン・ジャパン、ヤフー、ソフトバンクの四社の合弁会社として、書籍のネット通販を行うイー・ショッピング・ブックスを起業したころのことです。

セブン－イレブン・ジャパンももともとはベンチャーでしたが、創業から四半世紀がたち、国内最大の店舗網をほこる大企業となっていました。

そのころ感じたのは、担当者レベルで集まって会議などを行うと、セブン－イレブン・ジャパンの担当者が、大きな看板を背負っているからか、われわれベンチャー企業に対し、どこか強い発言力をもつような雰囲気がありました。

当時はまだ、大企業は偉く、ベンチャーは下に見られるような風潮がありました。

それがいまは、大きく様変わりしています。

たとえば、日本経済新聞の二〇一八年一月八日付朝刊の「経営の視点」というコラムに、「スタートアップと『年の差婚』」「老舗を変える異色人材」と題して非常に興味深い記事が載っていました。

それは、東京大学でAIなどを学んだ稲田雅彦さんという起業家が設立したカブクという、モノづくりの分野で注目されるスタートアップ企業が、自動車の速度計に使う蛍光表示管などを手がける創業七〇年の老舗企業、双葉電子工業の傘下に入った話題をとりあげたものでした。

カブクは、「3Dプリンターなどをもつ世界各地の工場をネットワークで結び、製品に応じて最適な工場に発注できるシステムをもつ。複雑な製品は部品ごとに別々の工場に任せ、納期をおさえてコストを下げる」と紹介されていました。

双葉の高橋和伸社長は六〇歳、カブクは設立五年ほどで稲田CEOは三五歳。異例の「年の差婚」というわけです。

稲田さんは買収を受け入れた理由について、ベンチャーキャピタルからの資金調達や新規株式公開よりも、「早く大きい山を登れると思った」と語っています。スタートアップ企業がM&A（合併・買収）で資金回収を行うのはよくあるケースです。

わたしが注目したのは、買収した側の双葉の事業でした。

主力商品の蛍光表示管は自動車生産の海外移管などで逆風を受けている。もう一つの柱である樹脂成型に使う金型部品についても、以前は標準品中心だったのが、顧客の個別の要件や要望に合わせる特注品の比率が増え、従来の生産体制では対応が困難になっていた。

高橋社長によれば、「モノだけに注力する従来の考え方やとりくみでは今後、価値を提供できなくなるという危機感を感じていた」といいます。

しかし、工場のデジタル化を進めたくても、社内にＩＴ人材は乏しい。そこで、多品種少量生産に適したシステムにすぐれたカブクのＩＴ技術に着目し、買収へと踏みだした。

今後、稲田さんをはじめ、カブクのＩＴ人材が双葉グループ全体のデジタル化の先導役を務めることになるということでした。

双葉とカブクの「年の差婚」は、アナログ時代に発展した大手企業や既存優良企業がデジタルシフトへと大きく踏みだし、ネットファーストからカスタマーファーストへの転換を加速していくためには、ＩＴ技術に強いベンチャー企業と手を組む時代になったことを端的に示しています。

この買収案件について、双葉側の経営トップが、従来のままでは立ちゆかなくなるという危機感に後押しされ、自分たちの意識を変革していったであろうことは想像に難くありません。

ただし、気をつけなければいけないことは、買収した会社を自社の文化に染めてはいけないということです。むしろ、自社の中核に置いて、従来の文化を破壊する原動力としていく覚悟が必要です。

すべては、経営者の意識改革から始まる。それができない企業は取り残されるだけです。

不朽の名著『失敗の本質』に学ぶ

セブン&アイ・ホールディングスの社外取締役を二〇〇八～一四年まで務められた野中郁次郎・一橋大学名誉教授は、知識創造理論の創始者として知られる世界的な経営学者で、わたしも在籍時に何度かお目にかかり、お話を伺ったり、お話をさせていただいたことがあります。

その野中先生が共同研究者の方々とお書きになった『失敗の本質　日本軍の組織論的研究』（中公文庫）という名著があります。出版以来三〇年以上にわたって読みつがれ、累計七〇万部を記録する大ロングセラーです。

『失敗の本質』は、先の太平洋戦争で日本軍はなぜ負けたのか、戦史を経営学の視点から分析し、負けた要因の理論化を試みたものです。

その組織論的研究によると、日本軍の最大の敗因は過去の成功体験への過剰適応にあったといいます。

日本軍の戦略原型（戦い方のパラダイム）が形成されたのは、大国ロシアに小国日本が勝利した日露戦争でした。陸軍では白兵戦による銃剣突撃を重視する白兵第一主義が、海軍では艦隊決戦を重視する大艦巨砲主義が生まれた。

日本軍はこの戦略原型（＝既存の知識）を強化し、徹底して組織学習を行った。

本来、組織の行為と成果の間にギャップがあった場合、学習棄却（unlearning ＝自己否定的学習）と新たな知識の習得が必要であるにもかかわらず、日本軍の戦略原型は太平洋戦争にまで引き継がれていった。

その結果、陸戦では、火力重視的な合理的な戦い方を行ったアメリカ軍相手に白兵第一主義が通用せず、玉砕を重ねた。海戦では、空母と航空機による機動戦へと移行したアメリカ軍相手に、戦艦大和に象徴される大艦巨砲主義で戦い、次々と艦艇を失っていき、敗戦へといたった。

『失敗の本質』は日本の敗因について、そう結論づけていました。

なぜ、日本軍は過去の成功体験に過剰適応し、自己否定的学習能力を喪失したのか。

それは、異質を排除する精神構造にあったといいます。

陸軍では士官学校の成績優秀者が陸軍大学へと進んで参謀となり、その参謀の人事権は参謀長がにぎった。海軍では兵学校の「ハンモックナンバー（成績にもとづく卒業席次）」で将官人事が決まった。

両軍ともに成績優秀者がエリート集団を構成した結果、同質化が進み、外に対して異質を排除する〝閉じられた組織〟となり、新たな知識の習得を困難にしたというわけです。

本格的なデジタル社会が到来しつつあるいま、日本企業はかつての日本軍の失敗を繰り返そうとしていると感じるのは、わたしだけでしょうか。

ネットとリアルを融合し、膨大な顧客データをもとにカスタマーファーストを追求すべき時代が到来しているのに、リアルの世界での成功体験に過剰適応し、学習棄却をして新しい知識をなかなか習得できない。空中戦の時代に大艦巨砲主義のままでいる。

戦争では一度、負けを経験したことで、日本は覚醒していきました。

しかし、デジタル時代には、倒産したアメリカのトイザらスのように、ひとたび取り残されると、追いつくことは難しいでしょう。

重要なのは、このままいけば日本企業は世界のデジタル先進企業に負けることにいち早く気づき、経営者が意識を変革し、改革に着手することです。

そこで、第5章では、デジタルシフトの波に乗るための改革の具体的な進め方について、紹介していきたいと思います。

第5章

業務改革でデジタルシフトの波に乗る

すべては経営者による改革の決意表明から始まる

デジタルシフトの波に乗るための業務改革は、経営者が五年先、一〇年先、自分たちの会社がどのような姿になっているか、未来像を社員に示しながら、長期視点で本気でデジタルシフトにとりくむことを宣言することから始まります。

その未来像も、日本の経営者はとかく、数値目標で示そうとしがちですが、社員にとっては数字ではイメージがわきません。言葉で語るなり、絵を描くなりして具体的な姿を示すほうが効果的です。

セブン&アイグループが推進したオムニチャネル・プロジェクトを例にあげましょう。

セブン&アイグループでは次年度の戦略を決定するため、毎年八月、グループ戦略会議が開催されます。わたしの発案をもとに、「オムニチャネル戦略の遂行」が決定されたのは、二〇一三年八月のことでした。

翌九月には、グループ各社のトップおよび幹部社員およそ五〇人が急きょアメリカへ、実情視察のため、二週間にわたって派遣されます。

グループ首脳が全員一緒に海外出張へ出かけるのは、グループ史上初のことであり、それぞれのスケジュール調整も容易ではありませんでしたが、元会長は全員が参加するよう、厳命しました。

そこにはオムニチャネル戦略にかける〝本気度〟が如実にあらわれていました。

アメリカ視察から二カ月後の一一月一八日、東京都内のホテルで開催されたセブン‐イレブン・ジャパン創業四〇周年記念式典において、取引先など約一五〇〇人の招待客を前に演壇に立った元会長は、「われわれは流通革新の第二ステージに入る」と宣言し、新たな成長戦略としてオムニチャネル戦略を掲げました。

そして、翌二〇一四年三月、グループの幹部社員約八〇〇〇人を一堂に集めて行った新年度の方針を示すグループ方針説明会において、今度は社内に向けて、オムニチャネル戦略の遂行を宣言します。

その際、オムニチャネルが目指す未来像を映像化したビデオが流され、ネットとリアルを融合するオムニチャネルとはどのようなものであり、どんなことが実現されるのかが具体的に示されました。

それは、二〇二〇年のある家族の一日を描いたもので、絵コンテはわたしが描きました。

日本で初めてオムニチャネル戦略に挑むプロジェクトも、経営トップが本気でデジタルシフトにとりくむ決意を表明することから始まったのです。

二人三脚で歩むデジタル改革推進責任者を明確にする

デジタルシフトに向けた改革は、当然、経営者一人で実現できるものではなく、目的を共有してくれる人間を増やしていかなければなりません。

そこで、推進体制の構築が必要になります。

その際、最初にやるべきことは、改革に一〇〇パーセント没頭し、経営者と二人三脚で歩んでくれる推進責任者を決めて、権限を委ね、責任をもたせることです。

推進責任者にふさわしいのは、CDO（Chief Digital Officer＝最高デジタル責任者）の役割を担えるような人材です。CDOは名称のとおり、企業のデジタル化の責任者です。

企業の情報システムやITの責任者としては、従来、CIO（Chief Information Officer＝最高情報責任者）が存在していました。これに対し、デジタル化を進める企業では、最近、CDO職を設置するケースが増えています。アメリカはもちろん、日本でも、CIOからCDOへと変更する例が見られるようになりました。

CIOは業務プロセスを効率化するためのシステムを構築し、管理するという「守りのIT」を統括する主な役割だったのに対し、CDOはデジタルシフトに向け、組織全体に横串をとおしながら改革を推進する「攻めのＩＴ」を担うリーダーといった意味合いが強いといえるでしょう。

特に重要な役割は、デジタルを活用してカスタマーファーストの新しい事業を創出し、カスタマー・エクスペリエンスを変革していくことです。その意味で、デジタルの知識に加え、マーケティングの分野にも精通していることが望ましいのでしょう。

つまり、ＣＤＯはデジタルとマーケティングの両方の知識や能力、スキルをもちながら、新規事業の立ち上げや企業内起業に携わり、経営についても一定以上の理解と経験があるような人材が適しています。

ただ、そうした人材はそうそういるわけではありません。それでも、ＩＴ関連、マーケティング関連、経営関連の三つの分野のうち、ＩＴ技術のほかに、少なくとももう一つの分野の知識や能力、スキルをもっていることが望まれます。

セブン＆アイグループのオムニチャネル推進プロジェクトでは、グループ内で一貫してネット事業を手がけ、いずれの分野も経験したわたしが推進責任者を務めることになりました。

デジタル改革の社内人材は任命制より、応募制がいい

推進体制を構築するには、社内からメンバーを集めなければなりません。

オムニチャネルのプロジェクトのときは、ホールディングスおよび各事業会社内にオムニチャネル推進部門が設立されました。

それぞれのメンバーは各グループ会社の社長が直接、自社の社員のなかから「プロジェクトに入るように」と指名する任命制をとりましたが、人集めについては、もう少し工夫すべきだったと少々、反省しています。

ＩＴやマーケティングの専門家は外部からも起用できるので、社内メンバーの人選についてはそれぞれの社長に、顧客志向をもち、それぞれに販売や、仕入れや、管理など、社内の根幹の業務に精通している人材を選んでくれるよう、お願いしました。

ただ、社長としては、ややもすると、「先行きのわからないプロジェクトにエースを投入するのは控えよう」という心理に傾きがちです。

もちろん、集まったメンバーは一定レベル以上の優秀な人材でした。しかし、社内メンバーについて、任命制ではなく、応募制にしたほうが、「ぜひプロジェクトにかかわりたい」とい

う強い意志をもった人材を集めることができたようにも思います。

最初に社内メンバーの意識を改革する

集まったメンバーたちに対して、わたしが最初に行ったのは、ＩＴに対する意識改革でした。メンバーのなかには、昨日までリアル店舗の店頭に立っていた人もいます。システムとか、ＩＴとかいうと、自分たちとは別世界のものであって、コンピュータのディスプレーの黒い画面にコンピュータ言語でコードを打ち込んでいくような仕事をイメージしてしまうところがありました。

それはまた専門家の仕事であって、ＩＴとは、スマートフォンがわれわれの生活にとけ込んでいるように、もっと身近なものであるという意識をもってもらうことが出発点でした。

ＩＴに関する基礎知識やいまの潮流を理解してもらったうえで、ＩＴを使って顧客にどのような利便性を提供できるか、顧客の視点で考えられるようにする。

たとえば、前述のように、無人レジにしても、人手不足対策としてシステムを開発するのと、顧客により快適な買い物体験をしてもらうためのシステムを開発するのとでは、発想がまったく異なります。

オムニチャネルのプロジェクトも、単なるEコマース事業ではなく、顧客の視点でネットとリアルを融合し、これまでにない快適な顧客体験を提供するものであるという意識を徹底させました。

パートナー企業はオープン戦略で集める

社内の推進体制が構築できたら、今度は、トップが社外や株主に向けて改革の実行を宣言し、改革を一緒に実現する社外のパートナー企業を集めることになります。

デジタルシフトに向けた業務改革は、IT人材の七五％がIT企業に属している日本においては、できるだけ自前主義でシステム開発を志向しても、自社だけでは不可能です。社外のITベンダーなど、パートナー企業と連携しなければなりません。

オムニチャネル推進プロジェクトでは、社外に対しては元会長がセブン－イレブン・ジャパン創業四〇周年記念式典において宣言していたので、わたしはプロジェクト発足と同時に社外のパートナー探しに着手しました。

パートナー企業を集める際、大切なのは、コンペを実施するなどできるだけオープンなかたちで進めることです。オープンにすることにより、公平なプラットフォームをつくることが可能になり、コンペに参加する企業間でよい緊張感が生まれるからです。

そこで、従来から取引のあった大手SI企業のA社やB社のほか、業界最大手だったC社をはじめ、日本の主なSI企業宛てに、システム開発に必要な要件をまとめたRFP（Request For Proposal＝提案依頼書）を送り、コンペを実施しました。

すると、おもしろい現象が起こりました。従来、もっとも受注量の多かったA社が非協力的な対応を示したのです。

従来は丸投げ的だったのに対し、SE出身で経営もマーケティングの経験も積み、「システム構築は基本的には自前主義であるべきだ」と考えるわたしが推進責任者となって、これまで社外に依頼していたことを社内で行うようになったことへの反発だと思われました。

コンペの結果、もっともすぐれたプランを提案してきたのはC社でした。プロジェクトの推進には開発の現場を仕切るマネジャーも必要で、C社が提案してきた人材は、これまでも大規模なシステム開発を手がけて、プロジェクトマネジャーとしていちばん適任でした。

結局、C社をヘッドにして、A社、B社などのITベンダー数社が連携し、さらにウェブ系の技術にすぐれたベンチャー企業数社に入ってもらい、パートナー企業が決まっていきました。

推進責任者はメンバーをその気にさせて動かす

推進責任者の役割として重要なのは、プロジェクトに参加する社内以外のメンバーと緊密なコミュニケーションがとれることです。

特に、ITなり、マーケティングなりの分野に長《た》けた専門家のモチベーションを高めながら、うまくマネジメントができることです。

たとえば、SEは職人の世界です。職人に対しては、職人なりの言葉のかけ方があって、「自分の家族に〝これ、お父さん（あるいはお母さん）がつくったんだよ〟と自慢できるようなものをつくりましょう」と話すと、一気に気勢があがります。

オムニチャネル推進プロジェクトにおいても、「日本初のオムニチャネルのビジネスモデルを一緒につくりませんか」と語り、SEたちの挑戦する意欲を引き出しました。

一方、マーケッターはクリエイティビティが勝負なので、「イノベーションを起こして世の中を変えてやろう」「インパクトがあっておもしろいことをやろう」と声をかけると、燃えあがっていっせいに動きだします。

もっとも、こうした言葉をデジタルビジネスやマーケティングの未経験者が発しても、あまり効果はありません。プロ野球の監督がやはり元選手から選ばれるように、まったくの未経験者ではメンバーの心に火を灯すことはできません。

その意味でも、推進責任者には、デジタル分野に加え、マーケティングの分野にも精通している人物が望ましいのでしょう。

オムニチャネルのプロジェクトでは、わたしがSE経験者として、システム開発の現場を知っていることも、密な連携に役立ちました。

たとえば、これはプロジェクトの最終フェーズでの話ですが、システム開発の現場の技術者から、「この機能はどうしても間に合わない」という声があがったことがありました。

わたしは彼らが直面している問題を把握できたため、「その機能のうちこの部分については、一週間期間をのばせば大丈夫ですね。ただ、そのほかの部分は難しいでしょうから、システム稼働開始後で結構です。システムのバージョン2を稼働させるときに入れましょう。社内の説得はわたしがやりますから」と即断即決をしました。

要は、メンバーをその気にさせて、動かすことができるかどうか。それが推進責任者に求められる大きな要件です。

オラクルのラリー・エリソン会長に直談判に行く

パートナー企業の選定にあたって、最高責任者である元会長からは、「どこを選ぶかは自分たちで決めればいい」と権限を与えられていました。

ただ、一つだけ、条件が示されました。それは、「必ずその会社のトップに会え」ということでした。

データベースの技術では、オラクルが非常に高い技術力をもっていたため、オラクルに入ってもらうつもりでいました。オラクルのトップといえば、創業者でアメリカのIT業界ではスティーブ・ジョブズと並ぶ天才技術者であり、世界一の富豪だったこともあるラリー・エリソン会長です。わたしにとっては憧れの存在でした。

会うなら、本社のラリー・エリソン会長にお会いしよう。

本人との面会を「無理を承知でお願いできますか」と、日本法人の杉原博茂社長にお願いすると、杉原さんはその少し前まで米国本社に勤務していたこともあってか、運よく、アポイントをとることができました。

オラクルのトップと会う以上は、こちらも一定の権限が必要です。

そこで、鈴木元会長に「オラクルのエリソン会長にグループを代表して会いに行きます。ついては、会長の名代として行きますので、お土産を出してください」と頼みました。「ならば、日本の黒切子をもっていきなさい」というので、グループ企業のそごう・西武に頼んで調達してもらい、渡米しました。

エリソン会長のご自宅はシリコンバレーにありました。豪邸購入マニアとは聞いていましたが、到着したその邸宅の大きさに驚かされました。

入り口には、屈強そうなボディーガードが立っています。門からクルマでなかに入ると日本庭園が広がり、水鳥が泳ぐ池は、東京・井の頭公園の池の半分くらいはあろうかと思わせる広さです。

その庭園を進むと、目の前に書院造りの家があらわれました。あとで聞いた話ですが、この邸宅は、以前日本の富士通で仕事をしていたこともあり、親日家のエリソン会長が京都の桂離宮に着想を得て、日本の宮大工につくらせたそうです。

部屋にとおされると、出てきたのもお茶と羊羹でした。

ややあって出てこられたエリソン会長は、わたしの経歴を事前に読まれたようで、「わたしは昔、富士通でも仕事をしていました。孫さんとも仲のいい友だちです。あなたとは共通点が多い」と非常にフレンドリーでした。

わたしは、「セブン&アイグループとしてオムニチャネル事業を実現したいと考えている」ことを伝えると同時に、セブン&アイグループがいかに「品質の高さ」を重視するか、セブン－イレブンのおにぎりの商品開発を例にあげて話しました。

あるべき姿を追求するため、けっして妥協することなく、改革改善を絶えず続けている。おにぎりの商品開発の例をあげたのは、元会長であったら、その話をするだろうと思ったからでした。

「したがって、今回始めるオムニチャネルにしても、〝お客様の立場で〟考え、本当に水準の高いシステムをつくりたいと思っています」

強い意志を示し、そのうえでグループを代表して、「御社のデータベースを使うにあたり、わたしには少々不満がある」として率直にこちらの要求を伝えました。

サポートがアメリカ中心であるため日本では対応がおそくなることが懸念され、また、価格もできればもう少し下げてほしいと思っていたからです。

すると、エリソン会長は、「ミスター・スズキ、あなた方のおにぎりとわれわれのデータベースは同じだ。全面的なサポートをお約束しよう」と確約してくれました。

そして、面会が終わり、玄関まで見送ってくれたあとも、われわれのクルマが見えなくなるまで玄関に立ってずっと手を振ってくれました。これほど律儀なアメリカ人に会ったのは、初めてでした。

その後、オムニチャネルのプロジェクトを進めるうえで、データベース関連でなにか開発上のトラブルがあると、米国本社がいっせいに動いて解決してくれました。オラクルの代理店を務める日本の大手SI企業も「これほど迅速な対応は初めて」と驚くほどでした。

また、値段もかなり安くしてもらえました。

わたしもプロジェクト推進中にオラクルの米国本社に出かけることが何度かありましたが、エリソン会長に会った話をすると、がらりと対応が変わる。

元会長が「必ずその会社のトップに会え」と厳命した意味を納得したものでした。

重要なのはカスタマー・エクスペリエンスのデザイン

社外のパートナー企業も決まると、いよいよシステム開発に入ります。

最初に行わなければならないのは、顧客にどんな体験価値を提供するか、カスタマー・エクスペリエンスをデザインすることです。

それには、ペルソナ（顧客像）を明確にすることが必要です。

どのような顧客が、どんな目的で、どんなときに、どのように利用するのか、架空の顧客の人物像のプロフィールを詳細に設定していくプロセスです。そして、担当者の間でそのペルソナを共有し、開発の方向性やマーケティングの方針を統一していきます。

オムニチャネル推進プロジェクトでは、発足したのが二〇一三年一〇月で、九月に東京オリンピック・パラリンピック開催が決定したことから、未来像の時間軸としては、オリンピック開催年の二〇二〇年を想定しました。

その年に、いまの二〇代、三〇代、四〇代、五〇代、六〇代……の各世代が、それぞれどのような生活を送っているかを考え、とある一日を想定して仮説を立てる。合わせて六〇パターンぐらいのペルソナを設定しました。

従来、ペルソナの設定はＩＴベンチャーが丸投げされて行うケースが一般的でした。

これに対し、オムニチャネル推進プロジェクトでは、小売業には詳しいがＩＴには素人の社内メンバーと、ＩＴには詳しいが小売業には素人のパートナー企業のメンバーと、両分野に関心をもつマーケティングのメンバーが一緒になってペルソナを考えました。

ペルソナを考えることとは、オムニチャネルにより、これから先、どんな生活を実現したいかという、未来創造でもあります。

その点、異種混合ならではの多様な発想がとり入れられ、非常に有意義なプロセスでした。

「チームIT」でとりくむ

第3章では、セブン‐イレブンではチームMD（マーチャンダイジング＝商品政策）といって、メーカーなどと一体となって商品の共同開発を行う仕組みがあることを紹介しました。

発注する側、それを請け負う側という関係ではなく、素材の選出からその供給ルート、商品の開発、生産ラインの計画・確保まで、互いに対等な立場で、それぞれが強みを発揮することで魅力的な商品を生み出すという方式です。

総売上高一兆円を超える大ヒット商品で流通企業のPB商品の常識をくつがえしたセブンプレミアムも、チームMDの方式で開発されています。

わたしはシステム開発でも、同じ概念が成り立つと考えていました。システム開発を発注する側と受注する側が、発注対受注という関係ではなく、対等の関係で開発を進める形態です。

当初、わたしはこの関係を「パートナー戦略」と呼んでいたのですが、周囲はいまひとつピンとこない様子だったため、もっとわかりやすい表現はないかと思案した末、思いついたのが、チームMDのIT版、すなわちチームITの概念でした。

すると一転、誰もが興味を示してくれるようになりました。

チームＩＴはチームＭＤと同様に、それぞれの意見を足して二で割ったり、三で割ったりして、誰もが賛成するような平均値の解を出すのが目的ではありません。

それでは「誰もが予想する流れどおりにものごとが進み、結果も予想どおりである」という予定調和に陥るばかりです。

わたしはオムニチャネルの推進体制を構築するにあたり、予定調和を打破するため、グループ内の各事業会社から参加するメンバーたちには、「みなさんは各社を代表する方々ですが、それぞれの現場の代弁者として、正しいと思うことを恐れずに自由に語ってほしい」と要請しました。

パートナー企業のメンバーに対しても、同様です。

チームＩＴは、異なる意見や対立する意見をぶつけ合いながら、予定調和ではなく、より高い次元で統合し、これまでにない新しいものを生み出すのが目的です。

議論が少しでも予定調和に陥りそうになったら、わたしも厳しくダメ出しを行いました。

こうしてチームＩＴ方式でプロジェクトを進めていくことにより、最初は経営者や推進責任者から発せられた「オムニチャネルをやりたい」という思いが、みんなの「やりたい」へと共有されていきました。

それは同時に、人材育成の場にもなっていきました。

現場の第一線とのコミュニケーションも重要

プロジェクトチームでシステム開発を推進する一方、わたしは推進責任者として、月に一回は全国各地で販売の第一線を担うセブン&アイグループの店舗へと足を運び、現場とのコミュニケーションにも力を入れました。

目的は、オムニチャネルとはどのようなものかを説明するとともに、現場の意見を吸い上げるためでした。

特に、お客様がオムニチャネルのサイトで注文した商品を受けとる接点となるセブン－イレブンの店舗めぐりは重要な意味をもちました。

セブン－イレブンでは、セブンミールという弁当の宅配サービスや、店舗で扱う商品を注文に応じて宅配するサービスがあります。

宅配の際、パソコンやスマートフォンの操作が不得手な高齢者のお客様にかわって、持参したタブレット端末でオムニ

オムニチャネル普及のため現地に足を運ぶ。

チャネルのサイトに掲載された商品を注文することも想定していました。

現地を回るときは、金曜日の夜に現地に入り、地元で店舗を担当しているＯＦＣ（オペレーション・フィールド・カウンセラー＝店舗経営相談員）たちと一緒に会食し、互いに緊張をほぐしながら、現地の状況など、情報を入手します。

翌日は、ＯＦＣの紹介で店舗を回ります。宅配サービスはすでに行われていましたから、その店舗のスタッフと一緒に、エンドユーザーの高齢者のお客様のお宅を訪問し、オムニチャネルについて説明したこともありました。


こうした現場とのコミュニケーションをつうじて学んだのは、現場に対しては現場に適した伝え方があるということでした。

当初、わたしはオムニチャネルについて、「お店には置ききれない数の商品を、業態を超えて売ることができます」と、直接的な説明をしていました。

ところが、どのお店のどのオーナーからも、反応がいまひとつでした。

そこで、あるときからまったく目線を変えるようにしてみました。

まず、オーナーにこんな質問をします。「オーナーさんはなにが趣味ですか」

すると、オーナーが「ランニングが趣味です」と答えたとします。

そこで、「オムニチャネルを使えば、ランニングシューズも売れるんです」と話す。

そして、「お店が売りたいものを売れる環境を提供し、お客様が買いたいものを買える環境を提供するのがオムニチャネルなんです」と説明する。

仕組みをつくる側から見ると、どうしても上から見る目線になってしまいがちですが、現場とのコミュニケーションは、仕組みを支える第一線の目線も絶対に忘れてはならないことを気づかせてくれました。

組織内決裁は明確にすべし

オムニチャネル推進プロジェクトを統括するうえで、わたしが特に重視したのは、「決裁の明確化」でした。

ペルソナを設定するところまでは、すべてのメンバーが参加しますが、そこから先は役割別に並行して作業を進めていくフェーズに入ります。グループ全体で事業化を加速させるためには、より強化された推進体制が必要となりました。

もっとも効果的なのは、グループ企業のトップ自身、プロジェクトに直接かかわることです。そこで、二〇一四年七月、意思決定機関として、主要事業会社のトップ自らがメンバーとなる「オムニチャネル推進責任者会議」を立ち上げました。

リーダーにはオムニチャネルについてもっとも理解を深めていた、そごう・西武の松本隆社長（当時）に就任してもらい、責任者は当時セブン＆アイ・ホールディングス社長だった村田紀敏さんに務めてもらいました。

わたしはサブリーダーとして、オムニチャネルの全体の構想とシステム開発を推進し、一方、松本さんにはグループ全体でプロジェクトを推進するため、リーダーとして各事業会社のトップへの理解を求める役割を担ってもらい、最終決裁は村田さんが行うという体制が組まれました。

このオムニチャネル推進責任者会議のもとに、「商品」「店舗サービス」「物流」「会員・ポイントサービス」「ネットサービス」の五つの個別プロジェクトが組まれ、それぞれのプロジェクトごとにワーキンググループが組織され、総勢数百人の社員が動員されることになりました。

それぞれのワーキンググループは普段は別々にプロジェクトを遂行しますが、毎週金曜日には各社のトップが顔をそろえるオムニチャネル推進責任者会議を開き、個別プロジェクトごとに一週間の進捗報告と、次の一週間の目標を発表してもらい、進捗状況を共有しました。

そして、開発工程の節目節目にはオムニチャネル推進責任者会議でメンバーの各社長に決裁の判を押してもらい、最後は村田さんに最終的な決裁をしてもらうというルールを決め、実行していきました。

決裁のルールを明確化したのは、プロジェクトの進行を滞らせないためでした。

オムニチャネル推進責任者会議のメンバーである事業会社の社長は、普段は本来の業務に忙殺されます。しかも、本業はリアル店舗がベースであるため、オムニチャネルは未知の世界であり、それぞれのとりくむ姿勢にも差が生じやすいと予想されるところもありました。

そこで、プロジェクト全体を着実に進めるため、それぞれの段階ごとに、それぞれの事業会社のトップが承認したことを明確に示すエビデンスが必要と考えたのです。

また、「この段階でこの決裁をいただきます」と予定を示すことで、各メンバーにプロジェクトについて十分な理解を促すことにもなると思いました。

レガシーファーストやネットファーストから、カスタマーファーストへ。デジタルシフトのための改革は、さまざまな事業インフラをネットとリアルの境目も超えて、顧客を起点に新たに組み直す改革です。

これまでの組織のあり方や仕事の仕方を変えていく部分も多くあります。メンバー全員が自分事としてとらえる〝全員参加〟が不可欠であり、そのためには決裁の手順とルールは明確にしておくべきでしょう。

自己増殖するオープン・プラットフォームの提供

第3章で、日本のメガバンクをはじめ、銀行各社がオープンAPIの提供に踏み切った話を紹介しました。

今後、オープンAPIが広く普及していけば、ベンチャーやスタートアップのインターネット企業が、さまざまなフィンテックのサービス機能を自社のオンラインサービスやアプリに簡単に組み込めるようになります。

銀行側はインターフェースをオープンに提供するだけで、あとはインターネット上でさまざまなサービスが勝手に生まれていく。これはまさに、「自己増殖」ともいうべき現象です。デジタルシフトを推進するうえで、このような自己増殖を喚起するオープン・プラットフォームを提供することは、一つの重要なポイントです。

身近な例をあげれば、ツイッターもその一つといえます。

たとえば、わたしは駅のホームで電車を待っているとき、「○○駅と××駅の間で人身事故が発生したため、電車におくれが出ています」といった案内が流れたとき、真っ先に検索するのはツイッターです。

事故現場の近くにいた人が現場の状況を時々刻々とツイッターに投稿するので、メディアがニュースとして報道するより前に現状を把握できるからです。これは、ツイッター上でニュースが規制にしばられずに、自己増殖をしていくことを意味します。

この自己増殖性が支持され、ツイッターは世界全体で三億人以上ものユーザーに利用されているのでしょう。

アップルも、クラウド上にアップストアというオープン・プラットフォームを提供したことで、アプリ開発ベンダーが一〇〇万本以上のアプリを提供するにいたっています。

アプリが自己増殖をすればするほど、顧客にとっての利便性は増していきます。

われわれが推進したオムニチャネルのプロジェクトも、オムニチャネルのクラウド上に、商品製造メーカーやコンテンツプロバイダーが、ネットで販売するからこそ開発が可能なような新しい価値の商品を次々開発して、商品登録をしてもらえるような展開を想定したものでした。あるいは、お客様が「こんな商品・サービスがあったらいいな」といった要望をクラウド上にアップすると、それを見たメーカーがその要望を実現するという、ユーザーとメーカーを結びつける場にもしたいと考えていました。

もちろん、販売に踏み切る際の商品テストや品質チェックは運営する側が行うとしても、オムニチャネルのクラウドは、あらゆるステークホルダーに向けてオープンにする。

そこからヒット商品が生まれれば、リアル店舗でのとりあつかいもできるかもしれません。

将来的には、オムニチャネルのクラウド自体が、新商品や新サービスが自己増殖をしていくクラウド上の商品台帳となり、それぞれのリアル店舗もそこから地域のニーズに合った商品を仕入れていくという、究極の個店主義の売り場づくりを目指すものでした。


こうした〝調達〟や〝仕入れ〟のオープン化は、従来、その過程で目利きに自己の存在価値を見いだしてきた人や、あるいは、自分の実力以上に自社の看板を背負って仕事をしてきた人にとっては、既得権を手放すことを意味します。

そのような人々にとっては、オープン化への移行は、井のなかから飛び出すほどの挑戦を求められることになります。

しかし、すべてのステークホルダーが既存のあらゆる制約から解放されるデジタルシフトにおいては、オープン・プラットフォームを提供し、そこにコミットメントしようとするとりくみの自己増殖という生態系（エコシステム）を生み出せるかどうかが、成否をわけるようになるのです。

必ずあらわれる「抵抗勢力」との闘いと対策

企業内で改革を進めたり、新しいことを始めたりすると、それとは逆のベクトル、いわゆる、「抵抗勢力」があらわれがちです。

デジタルシフトに向けた改革によって、企業が新しいパラダイムに移行すると、これまで蓄積してきた経験、知識、知見が通用しなくなるかもしれない。

あるいは、新しいパラダイムへと向かうなかで、これまで積み上げてきた既得権やポジションが否定され、失われる可能性がある。

そのような人々は、当然、デジタルシフトや改革に抵抗しようとします。

それでも、デジタルシフトや改革に対して真正面から反論や否定論を唱えるなら、まだ議論の余地はあります。徹底して論を戦わせれば、相手に納得してもらうこともできます。

われわれが推進したオムニチャネルのプロジェクトも、例外ではありませんでした。

プロジェクトに対し、面と向かって、「なにを目指しているのかわたしにはわからない」と強く異論を提起したグループ会社のトップもいました。

そのトップに対しては、オムニチャネルとはいかなるものか、何度も何度も説明に通い、最後は納得していただき、逆に力強い協力者になってもらうことができました。

問題なのは、表向きは賛同の意を表しながら、実際はなかなか動こうとしない面従腹背の人々です。口では「賛成します」「応援団です」などといいながら、心のなかは逆で、積極的にはかかわろうとしない人々が存在したのも事実でした。

表面上は知ったかぶりをして、実はまったく理解していなかった人々もいました。

各社とも、従来はリアル店舗中心であったため、ネットとリアルの融合という新しいパラダイムへの移行に抵抗感を感じるのは無理もない話でした。

その結果、もろもろの対応がおくれ、プロジェクトは当初、なかなか進捗しませんでした。

しかし、オムニチャネル戦略を推進するには、グループ全体を動かす必要があります。

そこで、新たに組まれたのが各社の社長がメンバーとして入るオムニチャネル推進責任者会議だったのです。トップ自身が推進メンバーとなれば、消極的な人々も動かざるをえないからです。

決裁の手順とルールを明確にしたのも、動きをとめない意味もありました。

オムニチャネル推進責任者会議のリーダーに、そごう・西武の松本社長についてもらったのも同様です。

わたしはグループ企業のトップのなかでも年齢的に若く、また当時はセブン&アイ・ネットメディアという子会社の社長職にあったのですが、事業規模も相対的には大きくありませんでした。

その点、松本さんは、国内主要三大事業会社のトップであり、オムニチャネルの本質をもっとも理解し、しかも、マーケティングの能力に秀でていました。

ＩＴ関連はわたしがフォローすればいい話です。実際、松本社長のリーダー就任により、プロジェクトは順調に動き始めました。


一つ想定外だったのは、わたし自身のポジションでした。

プロジェクトが進むなかで、推進に積極的なグループ首脳の間から、こんな声があがるようになったのです。

「ネットやシステムについて、グループ内でいちばん詳しい人間が一子会社の社長という立場のままでは強く推進できない」

「ホールディングスのなかに入り、一定のポジションにつくべきだ」

わたしはソフトバンク時代に社内起業をして以来、グループ内の子会社ながらも、一貫して一国一城の主の座にいて、自分の会社に愛着がありました。

ホールディングスのなかに入れば、〝宮仕え〟をしなければなりません。

何度も固辞したものの、「本気で進めるにはホールディングスに入るべきだ」と説得され、結局、取締役兼ＣＩＯに着任することになりました。

ホールディングスのなかに入るなら、わたし一人だけでなく、実働部隊も必要になります。そこで、わたしの会社のなかでオムニチャネルを担当していた部隊とグループ販促を担当していた部隊を切り離し、ホールディングスに移管しました。

ほかの部隊も、関連する事業会社へと分散させることになりました。事実上の会社解体で、わたしとしては断腸の思いでもありました。

ただ、グループ首脳がいっていたとおり、わたしが取締役兼CIOに就任して以来、それまで動きが滞りがちだったところもとたんに動くように、オムニチャネルのプロジェクトは加速され、二〇一五年一一月一日の本格稼働にいたるのです。

本格稼働の一カ月前、一〇月一日のプレオープン当日のことです。システムは午前零時に動きだす予定なので、徹夜で見守ることになります。その夜、オムニチャネル推進責任者会議のリーダーを務めた松本さんは、胸に辞表届をしのばせていました。

「もし、システムがうまく動かなかったら、わたしが責任をとるから」

「もちろん、失敗したらわたしも辞めますから」

そういって、徹夜態勢に突入しました。

システムの稼働に失敗すれば、本音ではプロジェクトに否定的だった人々は水面下でなんらかの動きをとるだろうと予測されました。

そのときは、責任をとって辞めよう。そのくらいの覚悟がなければ、抵抗勢力が存在するなかでプロジェクトは推進できなかったでしょう。

その後、松本さんからこんなことをいわれました。

「あのころは、鈴木さんとぼくがサムライみたいに刀をにぎり、背中合わせにしながら敵と戦っている感じだったよね」

一つのたとえですが、それに近い雰囲気があったのは確かです。それでも、ゴールに向かって邁進しました。

改革や新しい試みに対しては、たいていの場合、なんらかの抵抗勢力が出てきます。

それでも動きが滞らないようにするには、なんらかの施策が必要です。

推進責任者を一定以上のポストにつけ、組織上の権限を与えるのは一つの手です。

各部門の責任者をメンバーとして巻き込み、積極的に動かざるをえない状況に置くのも一つの方法でしょう。

なにより重要なのは、トップの方針がゆるがないことです。

オムニチャネルのプロジェクトが、予定どおり、本格稼働にこぎつけることができたのは、トップが「オムニチャネル戦略の遂行」を掲げて、けっしてゆるがなかったからでしょう。

すべてはトップが本気でデジタルシフトにとりくむ決意をすることから始まる。そして、社内にどのような動きがあっても、その決意を貫き通す。

トップのゆるがない信念こそがデジタルシフトに向けた改革を支えるのです。

「デジタルシフトウェーブ」を起業した目的

日本企業にとって、デジタルシフトは避けて通ることのできない道筋です。

しかし、デジタルシフトは、かけ声だけでは実現しません。

そこで、わたしのこれまでの経験と知識をもとに、デジタルシフトに挑戦しようとする企業を応援する。それが二回目の起業、二〇一七年三月にデジタルシフトウェーブを立ち上げた目的でした。

「デジタルシフトで、新しいビジネスの波を」がスローガンです。具体的には、デジタルシフトの戦略支援とシステムプロジェクトの推進支援を行っています。

デジタルシフトウェーブ一人きりのスタート。

と同時に、わたし自身も徹底的にデジタルを活用した会社づくりをしようと思いました。

会社の設立には当然、社内システムが必要になりますが、考えうるかぎりクラウド・サービスを活用したのもそのためです。

また、社員についても、デジタル時代に必要となる人材育成に力を入れることにしました。営業コンサル系の人間にはプログラミング技術を学ばせ、エンジニアには営業・現場技術を学ばせているのも、一人ひとりがマルチなスキルをもつことがこれからの時代には必要と考えたからです。

新会社に続々と仲間が集まってきた。

社員たちは全員、わたしがセブン&アイ・ホールディングスにいたとき、一緒にオムニチャネルのプロジェクトを推進した仲間たちです。なかには、一回目に起業したときからのメンバーもいます。

彼らは、わたしの目指す会社の姿を理解し、率先して学び、挑戦し続けてくれています。元々エンジニアだったメンバーは顧客先で現場の業務を学び、元々企画職であったメンバーはプログラミングを学び日々成長を続けています。

いまでは、彼らも成長し、一五社を超えるクライアントの支援をさせていただいています。

本書のしめくくりとして、そのなかの一社で、わたしも直接お手伝いしているデジタルシフトの事例を紹介しましょう。

デジタルシフトの改革事例～スカパー・カスタマーリレーションズの場合

①デジタルシフト前夜

有料多チャンネル放送「スカパー！」のコールセンターを運営するスカパー・カスタマーリレーションズ（以下略してSPCC）という会社で進められた業務改革の話です。

SPCCは、主に顧客からの各種問い合わせや手続きを行うインバウンドコール業務や、加入促進などのアウトバウンドコール業務などを担い、スカパー！の運営会社スカパーJSATの子会社のなかでももっとも重要な役割を担います。

SPCCのデジタルシフトのプロローグは、二〇一一年に、出水啓一朗社長がスカパーJSATから着任したことに始まります。

出水さんは民間衛星放送会社WOWOWで番組編成や経営企画を担当し、取締役を務めたあと、五〇代半ばで、競合会社であるスカパーJSATに移り、取締役としてマーケティングを担当しました。

この経歴から、出水さんが経営およびマーケティングの能力をもっていたことがわかります。

出水さんが社長に就任したころのSPCCは高コスト体質が収益を圧迫していました。原因は、「コンタクトセンター」と呼んでいたコールセンターの運営を専門業者の大手ベンダー企業に丸投げのかたちで委託していることにありました。

コンタクトセンターに寄せられる顧客の用件は、契約変更、住所変更、各種キャンペーンへの応募、解約、番組や技術的な問い合わせ……等々、多岐にわたります。アウトバウンドの新規顧客の獲得もあります。

そこで、ベンダー企業は用件別にチームをつくり、対応にあたらせていました。

用件別のチームわけであれば、一人ひとりが覚えることが多くないので、さほどオペレーターの教育に時間をかけずにすみます。そのかわり、オペレーターの人数はピーク時で約一六〇〇人にまでふくれ上がり、高コスト体質の要因になっていました。

また、用件別のチームわけは顧客に対して、サービス面で大きな負担を強いることになっていました。

顧客がある用件で問い合わせの電話をかけると、一人のオペレーターでは用件が片づかず、次から次へ回されるようなことが頻発していました。つまり、企業の都合を優先したサービスだったのです。

ここで、出水さんは高コスト体質を改善し、サービスのあり方を見直すため、構造改革に着手します。

出水さんは、まず、SPCCとしての「ビジョンと行動指標」を策定しました。ミッションは「お客様の快適なスカパー!ライフをサポートする」、行動指針は「1．お客様の〝時間〟を大切に」「2．お客様の〝期待〟を大切に」「3．お客様の〝気持ち〟を大切に」の三項目からなりました。

つまり、顧客の「時間」「期待」「気持ち」を第一に考え、快適な顧客体験をサポートする。企業の都合優先から、カスタマーファースト思考へと大きく舵を切ったのです。

次いで、出水さんは効率と品質の改善にとりくみます。

効率面では、丸投げ体質から脱却して自社運営センターを設置し、一人のオペレーターが複数の用件への対応を行うマルチタスク化などを進めました。

その結果、ピーク時の約一六〇〇人が現在は約八〇〇人へと半減。運営コストも、二〇一一年度の約一一五億円が二〇一六年度には約五九億円と、ほぼ半分の水準にまで減少させることに成功しました。

品質面では、オペレーターのスキル向上のための支援のシステムを整備。コンタクトセンターのサービスに対する顧客満足度で、「大変満足」と「満足」の合計は二〇一二年度の時点では約六一％と低かったのが、二〇一六年度には約九〇％にまで上昇するのです。

ところが、一定の成果が出た二〇一六年ごろから、出水さんはある壁に突きあたります。一人ひとりのオペレーターのスキルを向上させていくというとりくみだけでは、どんなにサービスの品質を高めても、顧客満足度を高めるのは限界があるのではないか。それは、アナログベースで運営するコールセンターの限界でもありました。

ここから、デジタルシフトに向けた改革が始まるのです。

②経営者の意識改革

出水さんが着目したのは、日本人のコミュニケーション手段の変化による「顧客接点の多様化」でした。

変化で特に顕著なのは、スマートフォンの普及です。二〇一六年の時点で普及率は七〇%を超え、タブレット型端末のそれも四〇%近くに達していました。

個人間のコミュニケーション手段も電子メールから、SNSのLINEのほうに中心が移りつつありました。日本における二〇代のLINE利用率は九三%、五〇代も八六%に達していました(二〇一五年)。

同じように、企業と個人との間のコミュニケーション手段もスマートフォンが主流になっていく流れは明らかでした。

これまでは顧客とコンタクトセンターとの接点は電話が中心でしたが、本格的なデジタル社会の到来とともに、インターネットが加わり、メール、LINE、SMS（ショートメッセージサービス）、チャット、フェイスブック、ツイッターなど、顧客接点はどんどん多様化していく。

こうしたデジタル化に対応するため、出水さんが考え出したのが、ネットとリアルの境界を超え、あらゆる顧客接点を介してお客様と会社をつなぐという「スマートコンタクトセンター」の構想でした。

「お客様ともっと良い関係をつくる」というコンセプトを掲げると、出水さんはスマートコンタクトセンターについて、次のような三つのゴールを設定しました。

(1)お客様にとって、快適でスマートな顧客体験の実現
(2)コンタクトセンターにとって、快適でスマートな業務環境の実現
(3)SPCCとスカパーJSATにとって、グループ収益力改善への貢献

注目すべきは、スマートコンタクトセンターが顧客体験（カスタマー・エクスペリエンス）を快適にするだけでなく、オペレーターにも快適な仕事環境をもたらし、結果として会社の収益にも結びつくと構想したことです。

品質と効率の改善から、ITによって高度化されたスマートコンタクトセンターへと進化させる。それはまさに、出水さんにとって経営者としての意識改革を意味しました。

もう一つ刮目すべきは、一九五一年生まれで当時、六〇代半ばだった出水さんが、そこから

猛然と、まったくの未知の分野だったＩＴの勉強を始めたことです。

その学び方について、本人はこう語っています。

「もともと、わたしは電話系のシステムさえよくわかっていませんでした。でも、目的が明確だと人間、学び始めるんですね。わたしは人とコミュニケーションをとるタイプなので、知らないことはとにかく聞きました。部下に聞き、専門家であるＩＴベンダーのトップを訪ねて聞く。知らない専門用語が出ると必ずメモして、あとで調べる。意味がある程度わかったら、再び専門家を訪ねて、こういう意味で間違っていないかと確認する。違っていれば、どこが違うかを聞く。それを繰り返していくうちに知識が身についていきました。大切なのは、好奇心です。これは年齢とは関係ありません」

ＩＴへの貪欲な知識欲は、出水さんの並々ならぬ決意を物語りました。

③スマートコンタクトセンターの構想

ＩＴの知識を吸収した出水さんが描き出したスマートコンタクトセンターの構想は、次のようなものでした。

顧客からコンタクトセンターへの問い合わせやオファー、あるいは、顧客とオペレーターとの間のコミュニケーションは、電話、文書、メール、ＳＭＳ、ＬＩＮＥ、チャット……とコンタクトチャネルの違いにかかわらず、従来使っていた自社サーバーではなく、サービスクラウド上で保存されます。

従来はすべてを自社の基幹システムで行っていたため、たとえば、顧客とのコンタクトチャネルとしてLINEを加えようとすると、新たにシステム開発をする必要があり、膨大なコストがかかりました。

それが、顧客との接点のフロントの部分にクラウドを使えば、新たなシステム開発の必要はなく、コストが大幅におさえられます。

もう一つの大きな特徴は、顧客からの電話での問い合わせも、音声認識技術により、リアルタイムですべてテキスト化されることにありました。

従来、顧客からの電話での問い合わせがあったとき、経験の浅いオペレーターの場合、聞いていても意味が理解しにくいものが少なからずありました。

新しいシステムでは、音声がテキスト化されると、その内容がAIによって解析され、問い合わせに対する回答の候補が五つ、オペレーターの前のディスプレーに表示されるようになります。オペレーターは、そのなかから選んで顧客に答えを示します。

この仕組みがあれば、オペレーターの熟練度に関係なく、顧客は適切な答えを得ることができます。一方、新人のオペレーターにとっては学習の機会にもなり、人材育成にも結びつきます。

また、スカパー！が提供する番組は六万アイテムにもおよびます。ジャンルは、映画、サッカー、野球、スポーツ、音楽、アニメ、国内ドラマ、海外ドラマ、韓流・華流、エンタメなど多岐にわたります。オペレーターもそのすべてを記憶しているわけにはいきません。

一方、顧客のなかには特定ジャンルの熱心なファンも多くいます。たとえば、韓流ドラマの俳優や海外サッカーチームの選手の名前をあげて、観ることのできる番組を聞いてくるなど、問い合わせもかなりマニアックなものが含まれます。

このとき、テキスト化された問い合わせの内容をAIが解析し、回答とともに、その俳優や選手の情報をオペレーターのディスプレーに表示すれば、顧客は必要な答えが適切に提供され、オペレーターも顧客と話題を共有することができるわけです。

さらに、オペレーターが顧客から電話で問い合わせを受けたとき、その顧客が過去に文書、メール、LINEなどで問い合わせをしたことがあれば、その行動履歴もディスプレーに表示されます。それを見れば、その顧客がどのような経緯で問い合わせをしてくるにいたったか、カスタマージャーニーを把握することもできます。

そのため、オペレーターが顧客に再度、必要事項を確認したり、過去の履歴を調べる必要がないため、一件あたりの処理効率があがると同時に、解決率も向上していきます。

解決率の向上はオペレーターの育成時間の改善にもつながります。

さらに、顧客の行動履歴の解析は、従来行われてきたマスマーケティングではなく、それぞれ興味や関心が異なる個別な顧客とのコミュニケーションを行うデジタル・マーケティングにも活用されます。

たとえば、ある季節になると放送される番組を視聴する顧客に対して、その季節になると視聴の勧誘を行ったり、ＨＰの解約のページばかりよく見ている顧客に対しては、継続利用を促すサービス情報を提供する。

その業務を自動化するためのマーケティング・オートメーションの仕組みもスマートコンタクトセンターに組み込む。

このようなスマートコンタクトセンターの構想を、出水さんはＩＴベンダーを回っては知識を吸収しながら考え出したのです。そして、どの部分にどのＩＴベンダーにパートナーとして参加してもらうかまで想定していました。

少し前までは、ＩＴやデジタル分野について、ほとんど知らなかった人でも、ＩＴの基礎的知識と顧客視点の発想があれば、システムの全体像を構想できることを、出水さんは身をもって示されました。

わたしが出水さんと出あったのは、こうしたスマートコンタクトセンターの骨格ができあがったころのことでした。起業してまもない二〇一七年三月初旬、あるＩＴベンダーの知人から紹介されたのがきっかけでした。

出水さんは、スマートコンタクトセンターの構想を熱く語り、「これを実現するにはどうしたらよいか」とさまざま質問をされました。数日後、お誘いを受けた会食の場でも、出水さんはさらに構想への熱い思いを語られました。

「手伝ってもらえないだろうか」。会食が終わるころには、わたしもその熱い思いに応えようと、お引き受けする意志を固めていました。

④デジタルシフト推進体制の構築とトップの宣言

わたしはまず、社内の状況を把握すると、出水さんにはシステム開発プロジェクトのプロセスをお伝えしました。

出水さんはさっそく具体的な体制づくりに入り、社内にプロジェクトチームを立ち上げました。

スマートコンタクトセンターの設置はデジタルシフトによる業務改革であるため、メンバーは情報システム部の社員のほか、それぞれの業務に精通した人材によって構成されました。

推進責任者のプロジェクトマネジャーには、情報システム部の部長が着任しました。

ただ、社内の情報システム部は、日本企業の情報システム部の多くがそうであるように、つくられたシステムを運用するのが主な仕事でした。今度はシステムの開発です。部長一人に推進責任者の役割を任せるのは難しい面もありました。

そこで、わたしがプロジェクトの責任者である出水さんのアドバイザーとして二人三脚でサポートする役割を務め、プロジェクトリーダーである情報システム部長を支えるプロジェクトマネジメントオフィス（PMO）に、わたしの会社からプロジェクトマネジメント経験が豊富なメンバーを配しました。

一方、社外のパートナー企業は一〇社弱で、構想の骨格ができあがる過程で、ほぼ決定していました。社外パートナーをマネジメントするためには、意識や開発プロセスの統一化が必須です。プロジェクトを進めるにあたり、二週間に一度、パートナー全社の責任者も含めて一堂に会するステアリング・コミッティ（運営委員会）の開催を決めました。

推進体制が整い、いよいよ開発に着手することになった二〇一七年五月、すべてのメンバーを集めたキックオフのセレモニーが開催されました。

そのキックオフには、既存の基幹システムの設計を担当した大手SI企業と、スマートコンタクトセンターでサービスクラウドを提供するクラウドコンピューティング・サービス企業の両社の副社長にも、出席をお願いしました。

経営のトップクラスが顔を出すことによって、担当者レベルでのプロジェクトへの腰の入りようが変わるからです。

キックオフの場で、出水さんには、スマートコンタクトセンター構想にかける思いと夢を語ってもらいました。トップの本気の思いがパートナーに届くことがなにより大切なことだと考えたからです。

そのスピーチは三〇分にもおよびましたが、参加者の誰もが聞き入りました。なかでも、参加者の間でもっとも共感を呼んだのが、出水さんが構造改革に着手する際、ビジョンと行動指針に託した理念でした。

顧客の「時間」「期待」「気持ち」を大切にすることで快適な顧客体験を提供する。そのビジョンと行動指針を社内外を問わず、共有する。

ＩＴ人材の七五％がＩＴ企業に在籍する日本では、デジタルシフトのすべてを自前で行うことは難しく、外部パートナーとの協働がどうしても必要です。

わたしは出水さんのスピーチに耳を傾けるメンバーたちの姿を見ながら、このプロジェクトの成功確率が高まっていっていることを実感しました。

以降、プロジェクトチームは、役割別にサブチームにわかれて開発を進めながら、社内チームのミーティングは毎週一回、ステアリング・コミッティは二週間に一回開催し、互いの進捗状況を確認しながら、課題を共有し、連携を深めていきました。

また、二カ月に一回は、各ＩＴベンダーの役員クラスにも参加を求めてミーティングを開催。役員クラスもかかわることにより、それぞれのベンダーの担当者から、より積極的なコミットメントを引き出すといったマネジメントにも気を配りました。

キックオフから一カ月後には、わたしの発案で、各ベンダーの役員クラスを招いて全員でパーティを開き、メンバー一人ひとりにプロジェクトにかける意気込みを、もう一度宣言してもらうという機会も設けました。

わたしがこうした〝場の共有〟を重視したのは、プロジェクト全体に目指すビジョンをしっかりすり込むためでした。それには、キックオフから一カ月程度が経過し、互いにある程度コミュニケーションがとれるようになった段階でのパーティが効果的と考えました。

こうしてプロジェクトは順調に進み、キックオフから一年を経ない二〇一八年二月から、段階的にサービスが開始されていきました。

出水さんがスマートコンタクトセンターのプロジェクトで目指したのは、顧客にとっての快適な顧客体験を実現することです。同時にもう一つ目指したのは、センターにとっての快適な業務環境の実現であり、その快適な業務環境によるオペレーターの育成でした。

それは経営者にとって、人材の育成こそがもっとも重要な役割と考えていたからです。

なかでも特筆すべきは、出水さんがスマートコンタクトセンターのプロジェクトをとおして、自社のＩＴ人材の育成にも注力したことです。

従来、システムの設計はＩＴベンダーにほぼ丸投げし、情報システム部はその運用やメンテナンスが主な仕事でした。

これからは、たとえば、自社サイトの画面で使い勝手の悪いところは、自分たちで変えていくなど、ある程度のことは自前でできるようにする。それも、一つの大きな挑戦でした。

それには、技術的なスキルに加え、システムは自分たちが主導してつくりあげていくという意識への改革がなにより必要です。

出水さんによれば、その成果は着実にあらわれているといいます。

SPCCのスマートコンタクトセンターのプロジェクトは、コールセンターのデジタルシフトとしては日本でも初めてともいえる事例で注目が集まっており、出水さん自身、ITベンチャー主催の発表会などの場に招かれることが多くあります。

そうした場に、最近は情報システム部の中堅も出ていき、見事にプレゼンテーションをこなすようになったそうです。

その姿を見るたびに、「うちのIT人材も確実に成長している」と実感するといいます。

デジタルシフトは、カスタマーファースト思考に移行するための業務改革であり、それは同時に、本格的なデジタル時代に向けた人材育成のプロセスでもあることを物語っています。

ゆるがない経営者のみが成功を手にすることができる

デジタルシフトは、ネットとリアルの境目も超えて、すべての事業インフラを顧客を起点にしてカスタマーファースト思考で組み直す顧客戦略です。

前にも述べたように、顧客中心主義な考え方は、もともと日本にあったのではないかともいわれます。確かに、日本の「商人道」はそのようなものでした。

問題は、あるときから企業の都合で効率性を追求した結果、顧客にとってのあるべき本来の姿との間にズレが生じてしまったことでしょう。

ＳＰＣＣのかつてのコンタクトセンターの運営方法は、そのことを端的に物語っていました。顧客が問い合わせの電話をすると、担当分野別にたらい回しになる。出水さんの着任以前、その不便さについて、社内から改善の声があがらなかったのは、効率追求が優先され、顧客中心主義が単なる〝お題目〟にすぎなくなっていたことの証左です。

しかし、時間・距離・量・方向のすべての制約から解放されるデジタルの力を使えば、顧客にとってのあるべき姿と企業の効率追求を両立させることは不可能ではなくなる。

ＳＰＣＣが始めるスマートコンタクトセンターは、その典型でしょう。

なにより、世界中でそれをもっとも実践しているのがアマゾンです。

利益のほとんどを商品の値下げの原資に回すほか、顧客の利便性向上のため、さまざまなシステム開発に投資をする。それは、企業にとっての効率性追求とも両立する。

つまり、デジタルシフトを実現した企業においては、顧客の利便性向上と企業の効率性追求は両立するため、社員は常にカスタマーファースト思考で業務に携わればいいことになります。それはまさに、企業の風土改革そのものでもあります。

また、カスタマーファースト思考を常に優先するには、社員一人ひとりが階層的役割意識も超えていかなければなりません。なぜなら、階層的役割はあくまでも組織の秩序を維持するためにあり、顧客の利益とは直接結びつかないからです。

そのため、カスタマーファースト思考を徹底しようとするほど、社員一人ひとりがそれぞれの業務において、階層的役割意識にしばられず、どうすれば顧客満足度を高められるか、自律的に考えることが求められるようになり、企業は全員参加型へと変わっていくことになります。

ＳＰＣＣのオペレーターも、これまでは顧客の問い合わせに的確に答えることが求められました。今後、スマートコンタクトセンターのシステムが稼働し、問い合わせをしてくる顧客一人ひとりのカスタマージャーニーがその都度わかるようになると、どのような対応をとれば顧客体験をより快適にできるか、自律的な判断が求められるようになるでしょう。

つまり、究極の顧客戦略としてのデジタルシフトは、単に人間が行っていたことがＡＩやロボットなどに代替されていくのではなく、ＩＴやデジタル技術のサポートを得ながら、人間は一つ上の次元で、どうすればカスタマー・エクスペリエンスを高めることができるか、全員参加型で追求していく。

それが、本格的なデジタル社会の到来に向けた企業風土改革のあり方です。

その実現に向け、なにより求められるのはトップのゆるがない信念です。ゆるがない経営者のみが成功を手にすることができる。

わたし自身、孫さん、北尾さん、井上さん、鈴木元会長と、ゆるがないトップや上司のもとでずっと仕事をしてきましたから、ゆるがない信念こそが成功をもたらすもっとも大きな原動力であることを、この目で見てきました。

わたしが二〇一七年三月に自分の会社を立ち上げてから一年の間に、世の中の空気が大きく変わってきたことを感じます。

二〇一七年は、アマゾン・エフェクト旋風が吹き荒れ、アマゾンのちょっとした動きにまわりが過剰に反応する姿が見られました。

それが、二〇一七年後半から二〇一八年にかけて、デジタルシフトの波を受けとめながら、カスタマーファースト思考で自分たちはなにをすべきかを考えようとする動きが出始めたように感じます。

デジタルシフトの波に乗るための改革は、最初から完成形を目指す必要はありません。最初は小規模でもいいので、できるだけはやくマーケットで試してみることです。その反応を見ながら、全員参加で改善していけばいいのです。

アマゾンは、そのロゴを見ると、矢印が「aからz」を示しています。その矢印は笑顔の口元のようにも見えます。

アマゾンは「あらゆる商品がそろっていること」により「ユーザーに笑顔になってもらうこと」に目標を特化し、圧倒的な競争力を実現してきました。そのあり方はゆるぎません。

トップにゆるがない信念と全員参加で改革を進めようとする意志があれば、デジタルシフトは必ず成功にいたります。

ＩＴの知識も、ＳＰＣＣの出水さんのように、好奇心をもち、目的が明確であれば、学びはさほど難しくはありません。

そして、小さく始めて、みんなで育てる。

まずは、一歩前に踏みだしてみることです。

あとがき

最近、「人生一〇〇年時代」という言葉をよく耳にするようになりました。わたしも気がつけば五三歳となり、ひと昔前でいえば、還暦、定年までのカウントダウンの年齢です。

しかし、人生一〇〇年と考えると、やっと折り返し点に到達した歳なのかと思います。

学生から社会人になったのが二二歳、その後本書でも紹介したように、一〇年単位でシステムエンジニア、営業、ベンチャー会社経営、上場会社のＣＩＯと、振り返ってみればさまざまなことに挑戦してきた前半生だったなと思います。

今回、この本の執筆についてプレジデント社の書籍編集部長兼書籍販売部長の桂木栄一さんからお話をいただいたとき、自分に書き上げることができるのだろうかと思いましたが、桂木さんから「鈴木さんのような経歴・経験をもった人は少なく、デジタルシフトの最前線でご苦労されてきた話をみなが聞きたいと思っています」

との言葉に後押しされ、本書を書くこととなりました。

本書を書き進めながら、思うことは、たくさんの方々にお世話になり、失敗と成功を繰り返しながらここまできたんだと自分を振り返るよい機会になりました。

最初の会社の富士通では「ともかくやってみろ」と、若いわたしにどんどん機会を与えてくれた上司・先輩の方々、その後三〇代を過ごしたソフトバンクではベンチャー起業の機会を与えてくれた孫さん、北尾さん、井上さんとの出あい、そして四〇歳を超えセブン&アイでのオムニチャネルへの挑戦の機会を与えてくれた鈴木元会長をはじめとする幹部のみなさんと、たくさんの方々と出あい、刺激をいただいたからこそやってこられたのだと感じます。

前職のときには部下たちに、「サラリーマン仕事は駄目だ、常に起業家の気持ちで仕事をしなければいけない」といっていました。「たとえ今日会社を辞めたとしても、明日から仕事ができることが自分の価値だと思わなければいけない」ともいっていました。

二〇一六年一二月末に前職を退任したときに、その自分の言葉を思い出しました。そして、自分の価値とはなにかを自問自答し、自分が少しでも社会に貢献できることを生業にしようと、いまの会社を立ち上げました。

一人きりのスタートでしたが、一緒に頑張りたいと元の部下たちが集まってきてくれました。過去の仕事をとおして出あった仲間たちが力を貸してくれました。また、新たな方々ともたくさん出あうことができました。みなさんのお陰で会社ははやい段階で軌道にのせることができました。

折り返して、人生も後半生。残り何年仕事ができるかはわかりませんが、できるかぎり社員を育て、クライアントのお役に立ち、結果、社会に貢献できるような仕事をしていきたいと思っています。

最後に、本書をまとめるにあたり大変なご尽力をいただいたプレジデント社のみなさま、いままで仕事で出あいご指導いただいた諸先輩の方々、そして新たな挑戦に集まってきてくれた社員のみんな、協力をしてくれている仲間たちに感謝したいと思います。

そして、読者のみなさんには読んでいただいたことを感謝するとともに、少しでもご参考にしていただければと思います。いつの日か、みなさんともお会いできることを楽しみにしております。

二〇一八年四月　社員たちと机を並べる渋谷のオフィスにて

鈴木康弘

［著者紹介］

鈴木康弘(Yasuhiro Suzuki)

1987年富士通に入社。SEとしてシステム開発・顧客サポートに従事。96年ソフトバンクに移り、営業、新規事業企画に携わる。99年ネット書籍販売会社、イー・ショッピング・ブックス(現セブンネットショッピング)を設立し、代表取締役就任。2006年セブン&アイHLDGSグループ傘下に入る。14年セブン&アイHLDGS執行役員CIO就任。グループオムニチャネル戦略のリーダーを務める。15年同社取締役執行役員CIO就任。16年同社を退社し、17年デジタルシフトウェーブを設立。同社代表取締役社長に就任。デジタルシフトを目指す企業の支援を実施している。SBIホールディングス社外役員も兼任。

アマゾンエフェクト!

「究極の顧客戦略」に日本企業はどう立ち向かうか

2018年4月18日　第1刷発行
2018年4月24日　第2刷発行

著　者　鈴木康弘
発行者　長坂嘉昭
発行所　株式会社プレジデント社
〒102-8641　東京都千代田区平河町 2-16-1
平河町森タワー 13階
http://president.jp
https://presidentstore.jp
電話：編集 (03)3237-3737
販売 (03)3237-3731

装　丁　竹内雄二
図版作成　大橋昭一
編　集　桂木栄一
制　作　関 結香
販　売　高橋 徹　川井田美景　森田 巌　遠藤真知子　末吉秀樹
印刷・製本　凸版印刷株式会社

ISBN978-4-8334-2266-6